Karsten Massei

*Zwiegespräche mit der Erde*

Karsten Massei

# *Zwiegespräche mit der Erde*

*Ein innerer Erfahrungsweg*

**FUTURUM**

1. Auflage 2014



Einbandgestaltung: Bader.Kommunikation, Arlesheim
Foto auf dem Umschlag: Martina Poldervaart-Pavić
Satz: Satz für Satz. Barbara Reischmann, Leutkirch
Druck und Bindung: fgb, freiburger graphische betriebe, Freiburg
Printed in Germany

ISBN 978-3-85636-246-1
www.futurumverlag.com

# Inhalt

# Vorwort

Wenn man sich aufmacht, Zwiesprache mit den Wesen zu halten, die als Pflanzen und Tiere den eigenen Umkreis bewohnen, die sich im Dasein der großen Bäume, der mächtigen Berge, der schäumenden Flüsse und der dunklen Wälder ausleben oder die einfach nur durch eine liebliche Blüte, ein zartes Blatt, einen feinen Windstoß oder einen Tautropfen sprechen, wird man bemerken, dass man sich dadurch selbst verändert. Sich der Arbeit des ausgiebigen Lauschens zu unterziehen, bedeutet, nicht derselbe zu bleiben, der diese Arbeit begann. Sich auf diese Zwiesprache einzulassen, hat Folgen bis in das eigene Schicksal hinein. Man wird überrascht bemerken, dass es sich beschleunigt, dass seine Sprache eindringlicher und klarer wird und bestimmte Themen immer wieder von ganz anderen Seiten und in anderer Gestalt angeschlagen werden. Es ist, als tauche man in einen Strom ein, der fortreißt und befreit, der durcheinanderwirbelt und gleichwohl trägt, der vom Ziel wegzuführen scheint und uns ihm doch näher bringt.

Wer viele Stunden damit verbringt, sich dem anzuvertrauen, was sich durch die Erde mitteilen will, weiß, dass alle Farben, Formen und Gesten, die er wahrnimmt, zu dem überreichen Vokabular der Erde gehören. Sie sind Zeichen, Buchstaben der großen Erdenschrift. Durch sie spricht das Buch der Natur und kann gelesen werden. Nichts ist zu gering, als dass es nicht dazu dienen könnte, neue Erfahrungen zu machen und neue Erkenntnisse zu gewinnen: eine leuchtende Bienenwachskerze, die Stimmen von Menschen, die Geräusche fahrender Autos, das Lächeln eines Kindes, ein Wort, ein Satz in einem Buch, der Geschmack einer Olive, der Anblick einer Schnecke oder die Augen eines Menschen – sie sprechen aber nicht nur für sich, sondern immer auch über den, der sie wahrnimmt. Im Anschauen erfährt man sehr viel über sich selbst, denn jede Wahrnehmung ist eine

Begegnung zweier Wesenheiten, die in einen Dialog, in ein Zwiegespräch treten.

Wenn man sich aus mitfühlendem Herzen sorgsam und sorgfältig den Pflanzen und Tieren und den geistigen Wesen der Landschaft widmet, kann man Impulse empfangen, die von erstaunlicher Kraft sind. Die Seele wird von den Wesen der Bäume, Quellen, Berge und Tiere tief berührt und ergriffen; sie wünschen ihre Kräfte und ihre Weisheit dem Menschen für seine Aufgaben zur Verfügung zu stellen.

Dieses Buch möchte ein kleiner Wegbegleiter sein für Menschen, die spüren, dass sie mit der Erde auf eine besondere, tiefe Art verbunden sind, und die ahnen, dass ihre Seele und die Seele der Erde in einem bedeutsamen Zusammenhang stehen. Es kommt nichts zur Sprache, was der Autor nicht aus eigener und unmittelbarer Anschauung erlebt hätte.

Viele Menschen haben an dem Buch mitgeschrieben, auch wenn sie davon gar nichts gemerkt haben. Ich möchte ihnen dafür von Herzen danken – vielleicht erkennen oder ahnen sie beim Lesen ihren Beitrag. Ohne sie und die vielen wunderbaren und auch aufwühlenden Begegnungen der letzten Zeit hätte es nicht geschrieben werden können. Es ist durch das Leben selbst in der Stille meiner Seele gewachsen.

# I Jeder Blüte ist eine Gebärde eigen

## Die Erdenseele

In jedem Augenblick unseres Daseins spricht die Erde zu uns. Sie tut es unmittelbar und existenziell durch die zahllosen Erscheinungsformen, die sie annimmt, und durch jedes Erlebnis, das wir haben. Es ist gar nicht möglich, außerhalb dieses Sprachstromes zu stehen, weil er doch zugleich der Lebensstrom ist, der unsere eigene menschliche Existenz begründet, bestimmt und sicherstellt. Wir können diesen lebendigen Strom der Erde erfahren, wenn wir uns auf ihre Gaben besinnen, die uns erlauben, unsere irdische Existenz überhaupt zu führen. Unser Körper, jeder Augenblick unseres Lebens, jeder Ort, der Rhythmus des Tages und des Jahres und unser Schicksal sind doch nichts anderes als Gaben der Erde. Sich nur zu vergegenwärtigen, wie uns die Festigkeit der Erde für jeden unserer Schritte ein tiefes Vertrauen verleiht, das sich der Seele unerschütterlich einprägt, öffnet die Seele bereits für die Gabennatur der Erde.

Die Erde spricht zur Seele des Menschen durch ihre zahlreichen, wundermächtigen Gaben. Sie spricht durch alles hindurch von dem tiefen Zusammenhang, der zwischen der menschlichen Seele und der sie tragenden und schützenden Erde besteht. Jeder Augenblick ist ein Zeugnis dafür, wie die Erde unserer irdischen Existenz dient. Die Erde, eigentlich die Erdenseele, und die Menschenseele sind Geschwister. Eine kann nicht ohne die andere sein.

Die Erde spricht eine Sprache, die uns nicht ohne weiteres geläufig ist. Man lernt sie in keiner Schule, sie ist leise, unscheinbar und drängt sich nicht auf. Ist man aber auf sie aufmerksam geworden, erkennt man, wie deutlich und unüberhörbar die Stimme der Erde ist. Durch jede sinnliche Erscheinung teilt sich ein Aspekt ihres großen Lebens mit. Man kann sich immer wieder von der Mächtigkeit, der Frische und Lebendigkeit überraschen lassen, mit der sie sich offenbart. Nicht zuletzt ist es unser eigenes Schicksal, das uns durch die Erde entgegentritt. Die Ereignisse unseres Lebens sind Gaben der Erde, nur durch sie treten sie an uns heran.

## Ozean der Gebärden

Jeder Pflanze, jeder Blüte ist eine Gebärde eigen, die sich nur in ihr findet, jedes Tier bewegt sich in einer unbedingt charakteristischen Art und Weise, jedes Wesen hat seine ganz eigene Art der Mitteilung. Der Laut, den eine Kuh von sich gibt, oder der Klang eines Bienenschwarms ist jeweils eine unverwechselbare Äußerung ihres Wesens. Farben sind Ausdruck, ebenso Klänge, Stimmen und Geräusche. Alles teilt sich durch seine bestimmten wahrnehmbaren Formen mit. Jeder Baum hat eine individuelle Gestalt, die Auskunft über sein Wesen gibt. Jede Landschaft hat einen Schwung, einen Klang. Nichts ist ohne Geste, ohne Ausdruck. Jeder Mensch drückt sich durch den Lebensweg aus, den er zurücklegt, durch die Begegnungen, die ihm zuteilwerden, durch die Taten, die er vollbringt. Selbst Gedanken und Ideen können gebärdenhaft erlebt werden.

Auf das, was hier aufgeführt ist, spielt Novalis an, wenn er zu Beginn der *Lehrlinge zu Saïs* von der großen Chiffernschrift schreibt: «Mannigfache Wege gehen die Menschen. Wer sie verfolgt und vergleicht, wird wunderliche Figuren entstehen sehn; Figuren, die zu jener großen Chiffernschrift zu gehören scheinen, die man überall, auf Flügeln, Eierschalen, in Wolken, im Schnee, in Kristallen und in Steinbildungen, auf gefrierenden Wassern, im Innern und Äußern der Gebirge, der Pflanzen, der Tiere, der Menschen, in den Lichtern des Himmels, auf berührten und gestrichenen Scheiben von Pech und Glas, in den Feilspänen um den Magnet her, und sonderbaren Konjunkturen des Zufalls, erblickt. In ihnen ahndet man den Schlüssel dieser Wunderschrift, die Sprachlehre derselben, allein die Ahndung will sich selbst in keine feste Formen fügen, und scheint kein höherer Schlüssel werden zu wollen.»

Jedem Ding, jeder Wahrnehmung ist eine Gebärde eigen, welche die Seele, wenn sie wach dafür ist, empfangen kann. Es gibt einen Gebärdensinn der Seele zu entdecken, der ihr die Möglichkeit eröffnet, mit dem, was sie wahrnimmt, auf eine innerliche Art zusammenzustimmen, zusammenzuwachsen. Er erlaubt der Seele, das in sich erklingen zu lassen, was sie im Äußeren wahrnimmt. Dadurch vermag sie sich dem hinzugeben, was auf sie zukommt, und zwar ohne den Halt zu verlieren. Dieser Gebärdensinn ist ununterbrochen tätig, nur wirkt er in der Regel unerkannt.

Sensiblen Menschen macht es zu schaffen, dass sie von dem, was sich um sie herum zuträgt, so stark beeindruckt werden, dass sie in vielen Situationen nicht mehr Herrscher über ihre eigenen Empfindungen, Gefühle und Gedanken sind. Sobald sie aber ihren inneren Gebärdensinn bewusst zu gebrauchen lernen, haben sie die Möglichkeit, ihr inneres Erleben zu beherrschen. Durch dieses Bewusstwerden dessen, was durch jeden Wahrnehmungsakt geschieht, lernt der Mensch seinen Erlebnissen und Empfindungen zu trauen. Er erlangt zunehmend Sicherheit in der Deutung dessen, was ihm durch sein Gefühl an Mitteilungen gemacht wird. Das bewusste Wahrnehmen ist deshalb eine ganz entscheidende Tätigkeit, die dem dient, was man als Seelenökonomie bezeichnen kann.

Die Seele bewegt sich beständig in einem Ozean des tätigen, sich ununterbrochen ereignenden Gebärdenspiels, das sie in sich aufnimmt, mit dem sie mitschwingt und das sich in ihr ausbreitet wie Wellen, die dann in die Erinnerung versinken und deshalb ein Eigenleben bekommen, das den Augenblick ihrer Entstehung überdauert. Sich dieses Ozeans zunehmend bewusst zu werden, bedeutet, Wahrnehmungsmöglichkeiten zu erschaffen für das, was sich in den Gesten und Gebärden ausspricht. Die Seele hat, weil sie ein Leben in diesem Ozean führt, die Fähigkeit der Deutung. Sie kann das, was sie lesend an Gebärden in sich aufnimmt, verstehen. Sie muss nur still werden und das verfolgen, was in ihr passiert, wenn sie sich einem bestimmten Ding oder Wesen aussetzt. Welten gehen ihr auf, wenn sie diese Lesearbeit betreibt, Welten, die eine Erweiterung dessen darstellen, was die bloß sinnliche Wahrnehmung verbirgt.

Die Dinge schauen den Menschen doch an. Wenn man einmal darauf aufmerksam wird, teilen sie sich in einer Deutlichkeit mit, die einen Schrecken hervorrufen kann. Wenn man sich wirklich für das öffnet, was von einem welken Blatt, dem dunklen Gesumm eines Bienenvolkes, einem ausgelassenen Lachen, dem Anblick prasselnden Feuers, dem Wunder einer Pflanzengestalt oder auch nur den bewegten Formen auf der Oberfläche eines dahinziehenden Flusses ausgeht, wird man staunen, wie einem geschieht. Die Eindrücke, die man aufnimmt, führen in der Seele ein ganz eigenes, starkes Leben, sie bilden die Seele, ergreifen sie, formen sie und entzünden ein Feuer, das man oft deshalb so stiefmütterlich behandelt, weil es sonst zu stark würde. Die Gedanken würden sonst von etwas ergriffen werden, das an den Verlässlichkeiten rüttelt, die man sich zu seinem Glück erworben zu haben meint. Dem Sinnlichen ist tatsächlich eine revolutionäre Kraft der Verwandlung eigen, und es scheint, als täte der Intellekt heute alles, was in seiner Macht steht, die Revolution, die vom Sinnlichen ausgeht, zu unterdrücken.

Eingeübt ist heute, dass Gedanken blitzschnell auf das folgen, was die Sinne wahrnehmen. Dabei weiß der Verstand immer schon, was die Sinne wahrnehmen werden. Es besteht, so gesehen, ein Diktat des Denkens über die Wahrnehmungen. Damit entledigt sich der Mensch einer wichtigen Quelle, nämlich der eigenen, unvoreingenommenen Erfahrung. Er verliert den Zugang zu den Geheimnissen, die sich ihm durch seine Sinne offenbaren. Er meint sie zu kennen, weil sie für ihn bereits in gedanklicher Form vorliegen. Die Dinge verlieren dadurch ihr eigenes Gesicht; sie sind schon gedacht worden, bevor sie sich zeigen können. Es geht aber gerade darum, sich der Quelle der unmittelbaren Erfahrung wieder zu versichern. Ziel ist nicht, nicht mehr zu denken, sondern sein Gedankenleben bewusster dem auszusetzen, was dem Menschen von der sinnlichen Welt unaufhörlich zukommt, denn das Sinnliche ist ein Strom, eigentlich ein Lebensstrom, eine Lebensquelle, der es gegeben ist, die Seele des Menschen tief zu berühren und zu verwandeln. Die Geheimnisse der Erde teilen sich in den Sinneserscheinungen in einem Grad mit, der den, der geübt ist, darauf zu schauen, immer wieder überrascht; also besteht gar kein Grund, den Sinnen nicht zu trauen. Vielmehr sollte man Gedanken gegenüber kritisch sein, die die Neigung haben, die Wahrnehmung einzuengen. Gedanken sollen erweitern, nicht einschränken.

Wahrnehmend ist der Mensch in der Lage, aus der Quelle der Erneuerung seines Wesens zu schöpfen. Er ist Teilhaber eines gewaltigen Lebensstromes. Wenn er sich dieses Stromes beraubt, verarmt seine Seele. Man muss heute erst wieder entdecken, wie die Sinne den Menschen geistig ernähren können.

## Gesten der Unvoreingenommenheit

Wer sich den Geheimnissen der geistigen Welt aufschließt, tut dies nicht mit dem Ziel, die sinnliche Welt zu überwinden, sondern um sie zu deuten, zu verstehen und zu ergründen. Es kann nicht darum gehen, sich über die Erde zu erheben, es geht vielmehr darum, die sinnliche Welt zu durchschauen, indem man die Phänomene ernst nimmt. Das heißt aber nicht, dass man bei ihnen stehenbleibt, sondern dass man lernt, in ihnen wie in Büchern, in Bildern zu lesen. Die Erde mit all ihren Phänomenen will vom Menschen nicht durch einen Blick verstanden werden, der wie aus großer Ferne auf sie gerichtet ist, sondern sie öffnet sich dem, der sich aufmacht, sie zu durchdringen. Der Mensch kann sich in den Prozess der Erkenntnis als ganzer Mensch einbringen. Sein gesamtes Wesen ist am Erkenntnisprozess beteiligt. Die sinnliche Welt zu ergründen, ist kein Vorgang, der nur durch einen bestimmten Teil des Menschen, also zum Beispiel durch seinen Intellekt, geschieht. Der Mensch ist frei, sich mit seinen Erfahrungen, mit seinem ganz bestimmten Lebensweg am Erkenntnisprozess zu beteiligen. Das Erkennen der sinnlichen Welt ist ein viel zu großes Projekt, als dass es Einschränkungen vertrüge bezüglich der Art, wie man zu Erkenntnissen kommt. Es soll unbedingt in der Autonomie des einzelnen Menschen verankert sein, welche Methode des Erkennens er verfolgt.

Ein Tier intensiv zu beobachten, die wunderbaren Bewegungen einer Kuh, die Formen ihres Kopfes oder ihre Augen, oder das Fell eines Pferdes, sein Schnauben, sein ganzes Verhalten, das sind für die Seele des Menschen große Ereignisse. Jede einzelne Wahrnehmung führt die Seele in eine neue Welt ein, die ihr unerwartete und berührende Erlebnisse vermitteln kann. Ähnliche Geheimnisse bergen die Farben, die Pflanzen, die Klänge, auch alle Äußerungen eines Menschen, seine

Stimme, seine Bewegungen, seine Gestalt, ja seine Biografie. Jede einzelne Naturstimmung, der Wind, das sich über den Tag wandelnde Licht, die zahlreichen Melodien des Wassers, die Formationen und Formen der verschiedenen Landschaften können, sobald sie von der Seele intensiv erlauscht werden, zu Erlebnissen führen, die sie tief berühren.

Man kann nun, wenn man sich in diesem Sinn auf die Wesen einlässt, die einem begegnen, die vielleicht unbequeme Erfahrung machen, dass jedes Wesen, jeder Ort, ja jede Stunde nach einer eigenen, beinahe individuell zu bezeichnenden Erkenntnishaltung fragt. Das Wesen, das ich zu ergründen wünsche, legt mir, genaugenommen, selbst nahe, welche Schritte ich zu gehen habe, um es allmählich zu verstehen. Es unterrichtet mich bis ins Methodische hinein, wie ich mich ihm zuneigen soll. Getrost darf ich vergessen, was ich schon weiß und erfahren habe, damit ich nicht versucht bin, es auf dieses bestimmte Wesen oder diese ganz bestimmte Gelegenheit zu übertragen, und mich damit taub und blind mache für die eigentlichen Mitteilungen.

Es ist vor allem die Unvoreingenommenheit, mit der ich einer Situation begegne, die darüber entscheidet, ob sich die Sprache des Lebens entschlüsseln lässt, ob ich nur das erfahre, was in mein bisheriges Weltbild hineinpasst, oder ob ich zu wirklich neuen Erfahrungen gelange. Um Neues zu erfahren, muss ich bereit sein, mein Weltbild in Frage zu stellen. Ich muss mich so leer machen, dass ich nichts erwarte, vor allem nicht, dass sich das bestätigt, worauf ich mein Weltbild bislang gebaut habe. Es bedeutet eine große innere Aktivität, alle Erwartungen loszulassen, doch nur dadurch entgeht man der Gefahr, über das Wesen, das einem begegnet, verfügen zu wollen. Umgekehrt sollte man ihm jedoch erlauben, über einen selbst als Erkennenden zu verfügen!

## Lauschen

Der Aufmerksamkeit wohnt eine Kraft der Heilung inne, denn sie stillt den Schmerz, den die Kreatur gegenüber dem Menschen empfindet, wenn er die Hingabe und Arbeit, die sie für ihn leistet, gar nicht wahrnimmt oder, schlimmer, geringschätzt. Achtlosigkeit schmerzt. Es kann sinnvoll sein, diesen Schmerz der Mitwesen einmal erleben zu wollen, denn sie leiden an dem, was der Mensch tut, in einer Weise, die für ihn manchmal nur schwer nachzuvollziehen ist. Die Experimente, die er an Tieren und Pflanzen vornimmt, sind für die Wesen, an denen sie erfolgen, nicht bedeutungslos. Wären ihm die Schmerzen bewusst, die der Einsatz von bestimmten chemischen Mitteln unter den geistigen Wesen verursacht, würde er diesen Einsatz überdenken. Erlebte er einmal, was der kalte, berechnende Blick für ein Mineral bedeutet, würde er die Haltung, die in diesem Blick zum Ausdruck kommt, in Frage stellen.

Aufmerksamkeit heilt, weil sie würdigt. Es liegt eine Wärme in ihr, die das betrachtete Wesen wieder mit seinem heiligen Urbild und mit seiner eigentlichen Kraft zu verbinden vermag. Allerdings handelt es sich bei dieser Kraft um einen geheimnisvollen Strom, der sich der oberflächlichen Beobachtung entzieht; eine sensible Beobachtungsgabe jedoch macht ihn sichtbar.

Aufmerksam zu werden für das Sein der Mitwesen, für ihre Art, ihre geistigen Lebensrhythmen, die Lebenszusammenhänge, in denen sie stehen, braucht Zeit und Ruhe. Wer den Wunsch verfolgt, die verborgenen Wahrheiten des Lebens zu erkennen, wird sich in seinem Alltagsleben dafür Zeit einräumen müssen. Das Sinnliche offenbart sich erst dann, wenn der Mensch aus der Ruhe seines Herzens und seines Bewusstseins die Erscheinungen wie Schriftzeichen eines großen Buches zu lesen beginnt.

Erkenntnisse von den Wesen der Erde erringt sich der Mensch nie nur für sich allein, sondern er übernimmt damit eine Verantwortung für die Erde. Es heißt, ein gefährliches Spiel zu treiben, wenn man dabei die Erde vergisst. Der Mensch ist gerade durch die Kraft der Erkenntnis dazu angehalten, sich der hohen Aufgaben, die er gegenüber der Erde und ihren Wesen und Wesenheiten hat, bewusst zu werden. Bewusstseinskräfte unterliegen immer stark der Gefahr, sich gegen den zu wenden, der sie benutzt. Sie sind eine scharfe Klinge, die dem, der sie gebraucht, großen Schaden zufügen kann. Ein Blick auf die Geschehnisse der heutigen Zeit weist auf diesen Zusammenhang nur zu deutlich hin. Auf der einen Seite sind die Kenntnisse des Menschen sehr weit gediehen, auf der anderen Seite wird die Erde in einer Art behandelt, die jeder Vernunft entbehrt. Die Lösung kann nur in einer Erkenntnis bestehen, die nicht einseitig dem Intellekt dient, sondern die sich auch auf den fühlenden und wollenden Menschen beruft.

Lauschen ist der Schlüssel aller Erkenntnis. Im Lauschenkönnen liegt die Möglichkeit, mit dem Wesen, dem die Aufmerksamkeit gilt, zusammenzuwachsen, ohne es zu beherrschen. Im Lauschen ist ein Erwarten, das jedem Willen zu herrschen widerspricht. Wer herrscht, hört nicht. Wer aber hört, lässt zu; er gibt seine Autorität in einem gewissen Maße auf. Damit ist ausgeschlossen, dass der Hörende das Wesen, dem er sich zuwendet, missbraucht.

Die Eindrücke, die man durch die Sinne empfängt, wollen sich mit der Seele vereinen. Sie wollen von der Seele empfunden und ausgetragen werden. Das zu empfinden, was man wahrgenommen hat, bedeutet, es zu verinnerlichen, sich ihm so weit auszusetzen, dass es in der eigenen Seele ein Leben bekommen kann. In den Wesen der Erde lebt das Vertrauen, im Menschen aufblühen zu können, was jedoch nur geschehen kann, wenn sie von ihm berührt und aufgenommen werden.

Sie könnten nicht verwirklichen, was doch als ein Lebenskeim in ihnen steckt, wenn sie nicht in den Menschenseelen zu Blüten würden.

Im Atem ist eine Kraft, die zugleich bannt und löst. Sie schmiedet fest und befreit. So können sich die Dinge, die der Mensch betrachtet, verfestigen und wieder befreien. Sie tun das, indem sie an dem Atemgeschehen des Menschen teilhaben. Indem der Mensch ein Ding oder Wesen achtsam anschaut, berührt er es geistig mit seinem Atem. Das Binden und Lösen, das in seinem Atem lebt, erfährt auch das Tier oder die Pflanze, die er betrachtet. Es wogt immer ein feines Atmen zwischen ihm und den Wesen der Erde. Deshalb ist es eine nicht zu unterschätzende Hilfe, auf den eigenen Atem zu achten. Ein ruhiges und ausgeglichenes Strömen des Atems erleichtert eine tiefe Begegnung. Es entsteht ein Strom zwischen dem Menschen und seinem Gegenüber, wenn der Atem entspannt und ruhig fließt. Auf seinen Atem zu achten, ist die leichteste Methode, ruhig zu werden, und diese Ruhe bedeutet, eine zurückhaltende Stellung einzunehmen: Man wartet ab, man wird leicht, vielleicht auch froh, und beginnt, achtsam zu lauschen.

# II Der ruhige Strom des Lebens

## Ein Urerlebnis

Wenn es draußen dunkel wird, wird es stiller. Schatten treten zwischen die Bäume, ferne Geräusche kommen näher, man wird ein wenig bang im Innern und fragt sich, was denn überhaupt ist, denn irgendwie scheint das Leben anzuhalten. Es kommt zu einem geheimnisvollen Gleichmaß, das aber nur kurz andauert, nur Minuten, dann ist es wieder vorbei, das sanfte Licht ist dann wie ausgelöscht, und es beginnt merklich eine andere Zeit, ein nächster Durchgang: die Nacht. Das heißt aber, dass man, wenn dieser Moment verstrichen ist, zum Nächsten übergeht, die nächste Tätigkeit beginnt, mit dem Kochen oder Aufräumen anfängt oder wieder an die Papiere geht, die noch auf dem Tisch liegen, oder einfach die Seite im Buch umschlägt.

In der Stille liegt ein Geheimnis, das zum Urerlebnis der Seele gehört, man kann es in solchen Augenblicken gut spüren. Stille ist flüchtig, wie könnte es auch anders sein. Und man meidet sie, verdrängt sie, weil sie nicht leicht auszuhalten ist. Dann aber erlebt man gerade ihre große, fast unheimliche Kraft – sonst ließe man sie doch zu. Das Ausweichen vor der Stille hat damit zu tun, dass die Seele nicht kräftig genug ist, sie zu ertragen. Man umgeht sie, weil sie die Seele tief, zu tief berührt. Sie lässt die Seele, die sich ihr hingibt, fallen. Solange man sich vor diesem Fallen zu sehr fürchtet, weicht man der Stille aus. Man widersteht dann dem, was aus der Stille aufsteigt und die Seele in etwas fallen lässt, das sie kennt, aber doch nicht ertragen kann.

Wer still ist, kann empfangen, weil er gesammelt genug ist, sich mit aller Seelenkraft hinzugeben. Wer aber die Stille sucht, wie man einen Gegenstand, eine Gelegenheit oder eine Einsicht sucht, dem wird nicht viel Erfolg beschieden sein. Man kann sie nicht aktiv suchen, da wäre viel zu viel eigener Kraftaufwand dabei, man kann sie aber erwarten, das geht schon eher. Erwarten ist ein Zustand der Seele, der zwar Wunschcharakter hat, aber die Erfüllung des Wunsches ist ins Unbestimmte verschoben. Man weiß ja, wenn man erwartet, nicht, wann die Erfüllung eintreten wird. Im besten Fall wird es im nächsten Augenblick sein, aber gewiss ist es nicht. Erwarte ich, lasse ich meine Wünsche ein bisschen los, weil ich das Eintreffen dessen, was ich mir wünsche, nicht an einen bestimmten Zeitpunkt kopple. Vielleicht verzichte ich sogar auf die Erfüllung, denn ich muss damit rechnen, dass sie nie eintritt, dass ich also gänzlich ohne Wunscherfüllung bleiben werde.

Wenn man erwartet, ohne zu fordern, wird man besonders achtsam für das, was auf einen zukommt. Dem Strom des Lebens, in dem ich mich befinde, wende ich mich dann nicht mehr aktiv wünschend, also begehrend zu, sondern nur noch wahrnehmend. Ich werde zu einem Beobachter, der offen ist für das, was kommt. Das kann ich aber nur, wenn ich eine ganz und gar empfangende Geste einnehme, ich gebe mich dem Kommenden hin, ohne selbst eingreifen zu wollen. Wenn man sich einmal auf die Ereignisse, die auf dem eigenen Schicksalsweg liegen, so einstimmt, dass man sie nur wahrnimmt, ohne ihnen mit Wünschen, Befürchtungen oder bestimmten Vorstellungen zu begegnen, dann wird man das «Fallen», von dem eben die Rede war, wiedererkennen. Es ist etwas Unheimliches dabei, so das eigene Schicksal zu betrachten, nicht nur, weil man diese Unvoreingenommenheit nicht gewohnt ist. Man fürchtet sich vor dem Schicksal, so wie man sich vor der Stille fürchtet. Denn die Stille ist größer als die Seele, so wie es das eigene bevorstehende Schicksal ist.

Es gibt aber neben diesem Lebensstrom, der äußerlicher Natur ist, einen anderen im Inneren der Seele. Die Seele spricht unentwegt, sie begehrt, wünscht, will, stellt sich vor, überlegt, wird aktiv, da ist beinahe nichts zu machen. Dieses Begehren der Seele abzustellen, diesen Strom zu bändigen, Stille einkehren zu lassen, ist ein schier unmögliches Unterfangen, die Seele scheint von sich aus Momente der Stille kaum zu kennen. Aber auch diesem inneren Strom gegenüber ist es möglich, sich wahrnehmend, beobachtend zu verhalten. Das zu tun, sich dem inneren Strom zu überantworten, indem man einmal wach beobachtet, was sich in der Seele und durch sie ereignet, weckt ebenfalls Furcht. Man fürchtet, die Kontrolle über sich zu verlieren, wenn man nur zuschaut, was sich im eigenen Seelenwesen zuträgt. Gerne möchte man in das, was die Seele bewegt, eingreifen, es beeinflussen und manipulieren; es aber so zu lassen, wie es ist, dem ruhigen Fluss dieses Lebensstromes sich ohne den Wunsch hinzugeben, beteiligt zu sein, ist etwas, das man eigentlich nur sehr selten tut. Rafft man sich dazu allerdings auf und überwindet die Furcht, die damit verknüpft ist, merkt man, dass dort, wo zuvor noch lautes und unbändiges Leben war, Stille einkehrt. Indem ich die eigene Seelentätigkeit beobachte und darauf verzichte, eingreifen zu wollen, wird es ruhig. Es ist eine ganz merkwürdige Erfahrung, sie dauert vielleicht nicht lange an, weil man den Standpunkt des Beobachters unmerklich wieder verlässt; das macht aber nichts, denn man hat die Erfahrung schon gemacht. Eigentlich ist das Eintreten in die innere Stille ein Fallenlassen in sich selbst. Man löst sich von den eigenen Begehrlichkeiten und Wünschen, indem man sie zu beobachten lernt. Die Seele wird, weil sie fallen lässt, was sie beherrscht, ruhiger, stiller und leerer.

Stille kann man nicht in der Art wollen, wie man einen bestimmten Weg einschlägt, wie man sich um ein spezielles Ding bemüht oder einen erdachten und geliebten Plan verfolgt. Nichts, was in diesen Fällen hilfreich ist, hilft, den Zustand der inneren Stille einzunehmen. Was zur Stille verhilft, ist nicht ein aktives Wollen, sondern ein Wille, der durch die Überzeugung gefestigt ist, dass erst durch das Fallen ein Steigen möglich wird.

Fallen ist die Voraussetzung fürs Steigen. So wie die Dunkelheit der Schoß des Lichtes ist und der Name eines Dinges die Brücke über das Nichts. Im Loslassen des Willens liegt seine Läuterung. Die Stille wächst durch das Bewusstsein, dass sie vergeht, sobald sie gewollt wird. Die Stille erleben heißt, sich dem ruhigen Strom des Lebens hingeben; in solchen heiligen Momenten fühlt man sich vereint mit dem Sein.

## Den Willen loslassen

Der Eigenwille muss schon lernen, zu schweigen. Der Wunsch nach Machtlosigkeit ist eine Voraussetzung, um den Geheimnissen des Lebens und der geistigen Welt zu begegnen. Hinter dem Wunsch, seinen Willen schweigen zu lassen, steht nicht mehr und nicht weniger als der Wunsch nach einem kleinen Tod. Wunschlosigkeit und Machtlosigkeit sind notwendige Stationen auf dem Weg, sich mit dem anderen Wesen zu verbinden; sie sind wohlgemerkt Stationen, aber sie lassen sich nicht überspringen.

Das Loslassen des Willens ist nun kein Akt, durch den sich Bewusstlosigkeit einstellte; die Seele wird, im Gegenteil, durch einen Willen, der zu schweigen wünscht, bewusster. Der schweigende Wille aktiviert die Kräfte des Bewusstseins. Ein neues Wachsein stellt sich ein, weil sich das Bewusstsein Bereichen öffnet, die sich jenseits des eigenen, des willentlichen Zugriffs befinden. ‹Zulassen› macht wach für das, was bisher nicht im Zentrum der Aufmerksamkeit stehen konnte; das Bisherige wird ja gerade deshalb losgelassen, damit man frei wird für das, was sonst noch da ist.

Loslassen ist Leerwerden. Und leer zu sein ist eine Voraussetzung, um genügend Aufmerksamkeit frei zu haben für das, was durch die Bilderwelt der Wirklichkeit zur Seele spricht. Alles ist, wie schon gesagt, Gebärde, es ist auch Bild und es will sprechen – und kann von der Seele wahrgenommen werden, wenn sie davon abkommt, sich immer nur selbst zu hören. Das setzt aber voraus, dass man sich von den Fesseln befreit, die die Seele binden. Leerwerden oder besser: Leersein ist ein seelischer Zustand, den die Seele einnimmt, um frei zu werden von dem, was nur stören würde, wenn sie sich mit dem Wunsch, die Wahrheit zu erkennen, einem anderen Wesen zuwendet, sei es eine Pflanze, ein Mensch oder ein Tier. Sie vergisst, vielleicht nur für kurze Zeit, sich selbst, um das andere Wesen umso intensiver erfahren zu können. Es geht dabei nicht darum, sich der Erdenwelt zu entfremden, das muss mit aller Deutlichkeit gesagt werden; es geht darum, die Realität der Erde so anzunehmen, wie sie wirklich ist. Nicht soll der Mensch die Erde hinter sich lassen; er soll sich für die Lebenstatsachen wahrhaft aufschließen und sich diese zu eigen machen, ohne jedoch der Versuchung zu erliegen, sie zu unterwerfen. Der Mensch ist nicht der Herrscher der Erde, er ist ihr Diener.

## Vertrauen

Wie soll man nur den Mut finden, sich in die Stille fallen zu lassen?

Man kann es doch nur, indem man lernt, sich selbst immer mehr zu vertrauen; ansonsten verhindert die Angst vor dem Fall, vor dem Sturz, dass wir die Schätze heben, die in der Stille verborgen sind. Dass man nicht verlorengehen kann, dass man sich letztendlich in einem geistigen Gefüge befindet, in dem man gehalten, eingehüllt, geschützt ist, sind Gewissheiten, die gleichwohl immer wieder auf die Probe gestellt werden. Vertrauen ist keine naturgegebene Seelenkraft, es ist nicht dauerhaft zu haben, es vergeht, wenn man meint, sich darauf verlassen zu können. Aber der Wunsch, die Sehnsucht danach, dem Leben, sich selbst, dem eigenen Schicksal vertrauen zu können, ist stark, eigentlich existenziell. Vertrauen ist ein Urgrund, der sich nur behutsamen Schrittes betreten lässt. Ist er gefestigt, sprudelt eine gewaltige Kraft.

Doch wird keine Äußerlichkeit wirklich Vertrauen hervorbringen können. Es außerhalb der eigenen Seele zu suchen, gleicht einer ziellosen Bewegung ohne Aussicht auf Erfolg. Das Land, in dem man lebt, die Familie, Freunde, die oder der Geliebte, Talente, Erfahrungen, Tätigkeiten, Wissen, Erfolg, Besitz mögen Sicherheiten versprechen und auch geben, aber wirklich tiefes Vertrauen spenden sie nicht. Letztendlich kann ich Vertrauen nur aus mir selbst entwickeln als eine Frucht meines eigenen Wesens. Vertrauen hängt davon ab, ob es gelingt, die Zelte in der eigenen Seele aufzuschlagen und zu verankern, also Heimat in sich selbst zu finden. Wirkliches Vertrauen bildet sich nur, wenn ich meine Heimat in dem Wesen finde, das ich bin. Man ist ja, genaugenommen, noch nicht vollständig, fühlt sich mit allerlei Mängeln behaftet, aber bereits das unvollständige Wesen, das man ist, ist es wert, geliebt und angenommen zu werden; dadurch erst erschafft man sich seine Heimat. Die Grundlage des Vertrauens ist also der Wert, den man sich selbst zuspricht. Nur wer in sich wohl ist, wer nicht damit nachlässt, sich anzunehmen, sich Achtung und Liebe entgegenzubringen, den eigenen Stärken wie Mängeln, der kann auch ein Vertrauen entwickeln, das ihn wie eine Brücke über die Stille, die Leere, die Wunschlosigkeit hinüberführt. Er ist dann nicht haltlos, weil er die Sicherheit spürt, die er sich selbst gibt.

Nun geht bereits von dem Wunsch, in sich selbst eine Heimat finden zu wollen, eine befreiende und heilsame Wirkung aus. Wünsche bergen Kräfte, die eine sehr reale Wirkung entfalten und der Seele eine überraschende Sicherheit, ja Stabilität geben können; sie vermitteln so etwas wie eine segensreiche Mitte. Ich kann wünschen, mir durch mich selbst das zu geben, was schlussendlich dazu führt, dass Heimat und Vertrauen in mir wachsen und es mir immer fremder erscheint, sie von etwas Äußerem zu erwarten.

## Lesen im Buch der Natur

Die Augen können sich nicht sattsehen, wenn sie einmal angefangen haben, all die Formen zu betrachten, die die sichtbare Welt erfüllen. Die Natur zeichnet. Die Rinde eines Baumes, die Wellen auf einem See, die Struktur eines Blütenblattes sind Zeichnungen, die auf geheimnisvolle Weise zustande kommen. Wer aber hat sie gezeichnet, wer führte den Stift, wer dachte sich die Formen aus, die so vertraut sind, dass sie ungefragt als Teil des Lebens angenommen werden? Es ist ein grenzenloses Staunen, das anhebt, wenn man achtsam die Formen und Farben anschaut, die sich allüberall zeigen. Woher hat der Honig seine wunderbare Farbe? Er leuchtet ja! Etwas ist eingefangen in ihm, das nun wirksam ist, das die Seele, wenn sie eintaucht, erschüttert. Oder die Pollenkörner? Es gibt mikroskopische Aufnahmen, die diese winzigen Wundergestalten zeigen und den Betrachter beinahe verstören, denn welche Lust der Gestaltung, der Zeichenfreude tauchen da vor ihm auf in einem Gebiet, das seiner gewöhnlichen Sinneswahrnehmung verschlossen ist. Die Formen, die im fließenden Wasser auftreten, sind nicht weniger erstaunlich, und so gibt es vieles, das den Betrachtenden beinahe verzehrt, weil er sich diese Vielfalt, die Schönheit, die an Verschwendung grenzt, nicht zu erklären vermag. Die Natur offenbart sich in jedem Augenblick in Bildern, die man nicht anders ansehen kann denn als Zeichnungen einer höheren, den Verstand des Menschen bei weitem überragenden Intelligenz. Bilder entstehen während des Wachstums der Pflanzen, im alltäglichen und alljährlichen Gang der Zeit, in allen Entwicklungsprozessen, die von einer Welt, von einem Tätigsein zeugen, das dem Verstand unerreichbar bleibt, aber doch wahrgenommen wird in den Werken, die es hervorbringt.

Die Bilderwelt, die sich im physischen Dasein zeigt, ist eine Sprache des geistigen Lebens der Erde. Die geistige Welt offenbart sich in der physischen, erzeugt Klänge, Geräusche, Gerüche, Geschmäcker und vieles mehr. Die geistige Welt schaut auf uns in einer sehr direkten Art, indem sie zeichnet und malt und die Seele und den Verstand staunen lässt. Die Seele wird so von der geistigen Welt unentwegt beeindruckt, ja berührt. Sie wird durchdrungen von der lebendigen, konkreten Bildwirksamkeit der geistigen Welt. Alles, was die Menschen wahrnehmen, ist Ausdruck des geistigen Lebens der Erde, es verbirgt sich lediglich, wenn die Phänomene nicht als Sprache, als das Resultat einer bilderzeugenden Kraft verstanden und empfunden werden.

Überlässt man sich den Phänomenen ganz unumwunden, so drückt sich darin eine ganz bestimmte Überzeugung aus. Nur die Phänomene selbst können einem die Quelle der Weltanschauung sein; sie zu betrachten und zu ordnen, kann ich an niemanden delegieren, es kann nur meine Aufgabe sein. Sicher ist es nicht leicht, an ein Ziel zu gelangen, wenn ausschließlich die eigene Aktivität dazu führen soll, es ist deshalb ein langsames Gehen, denn Ruhe und Genügsamkeit sind vonnöten und die rechte Stille der Seele, damit die Bilder ihren inneren Sinn mitteilen können. Aber es ist ein Weg, den man gehen kann, ohne sein Leben auf die Meinungen fremder Autoritäten zu gründen.

# III Spiegel der Seele

## Heilige Erde

Die Erde ist in allen ihren Schichten, in allen ihren Aspekten heilig. Jeder Baum, jedes Holz birgt ein heiliges Geheimnis. Jede Muschel, jedes Schalentier, jeder Krebs oder Käfer, jeder Knochen zeigt durch seine harte, feste Oberfläche, durch seinen Schwung und Aufbau in seiner Art ein Bild, einen Aspekt des Erdengeheimnisses. Aber auch jeder Sinneseindruck, jedes gesprochene Wort, jede Lebenssituation ist für die forschende Seele wie ein Brunnen, aus dem sie Geheimnis um Geheimnis und Zusammenhang um Zusammenhang schöpfen kann. Jede Farbe ist ein Wesen, das außer dem oberflächlichen Leuchten noch viel mehr enthält, denn es führt in ein Land, in ein Reich, in dem sich das Urwesen der menschlichen Seele offenbart. Jede Substanz, jede Pflanze, jede Landschaft kann zu einer Offenbarung tiefer Weltengesetze werden. An der Oberfläche der Dinge und Wesen zu bleiben, ermöglicht es zwar, in der konkreten Welt tätig zu sein, was eine unbedingte Notwendigkeit ist, aber dort zu verharren und die auch vorhandenen, jedoch verborgenen Realitätsschichten unbeachtet zu lassen, engt die Seele und ihre Fähigkeiten ein, denn sie kann dann nicht den ihr eigenen Reichtum entfalten.

Wenn man die Geheimnisse zu betrachten, zu erfühlen und zu schauen beginnt, die allem Wirklichen zugrunde liegen, wird man Erlebnisse haben, die man vorher nicht gehabt hat und die verwirrend sein können. Man erlebt, wie kein Wesen sein kann, kein Baum, keine Pflanze, kein Tier und auch nicht der Mensch, ohne dass es einen Zusammenhang zwischen allem gibt, der zwar nicht sichtbar, aber dennoch für die Seele fühlbar ist. Ein geheimnisvolles Band ist zwischen allem gewoben, das ein jedes mit allem verbindet. Alles steht untereinander in einer intensiven Verbindung. Manchmal steigt ein lebendiges Gefühl dieser Verbindung in der Seele auf, ohne dass man sich vorerst

Rechenschaft über seine genaue Herkunft geben könnte. Man kann aber dieses Gefühl mit der Zeit immer besser kennenlernen und schließlich die untrügliche Gewissheit haben, einen Zipfel der Erdenseele berührt zu haben, denn sie offenbart sich gerade in dem Zusammenhang, der zwischen allem besteht. Mit Worten ist das nicht zu beschreiben, aber man gewahrt die Einheit, aus der alles ununterbrochen hervorgeht.

Daran zeigt sich, dass die menschliche Seele alles andere als unabhängig von der Erdenseele existiert; auch sie ist ein Aspekt dieser Ganzheit, in der sie sich immer schon vorfindet. Jeder Mensch kann sich als ein Kind jener Seele erleben, durch die die Erde aus ihrem Innersten lebt. Er ist ein geistiges Kind der Erde; seine Individualität, seine Biografie formen sich durch die Tiefengeheimnisse der Erde, durch die Erdenseele. Sein Lebensweg ist also ein Aspekt der Erdenseele, und diese offenbart sich auch in ihm.

Diese Gedanken können verständlich machen, dass sich der Mensch nur finden kann, wenn er *durch* die Erde geht. Das heißt, dass er sich selbst nur auf dem Weg durch die Erde erreicht; er kann nur dadurch wachsen, dass er sich tief und immer tiefer auf das Erdendasein einlässt.

In der Zukunft stehen dem Menschen Aufgaben bevor, die nicht dadurch zu lösen sein werden, dass er sich von der Erde löst. Er wird diese Aufgaben nur bewältigen können, wenn er sich so auf sie einlässt, dass er Dasein und Entwicklung der Erde als seine eigenen betrachtet. Er muss also seine Bewusstseinskräfte dahingehend entwickeln, das Dasein der Erde in seinem eigenen Wesen mitzutragen. Das bedeutet aber, dass er dann die Erde als ein seelisches und geistiges Wesen bewusst erlebt. Die Schritte, die er unternimmt, um mit den Wesen seines Lebensumkreises mitzufühlen, dienen schon jetzt dieser Entwicklung. Das mitfühlende Verstehen ist eine Fähigkeit, die den Menschen auf das Amt, das er gegenüber der Erde und ihren

Wesen dereinst zu erfüllen hat, vorbereitet. Durch die Erweckung des mitfühlenden Verstehens hebt ein Wachstumsprozess an, der weit in die Zukunft weist.

Durch die Erde gehen heißt, das Bewusstsein dafür zu entwickeln, dass alle Wesen, die die Erde bevölkern, ob sie ein physisches Kleid haben oder nicht, an dem Wandlungsprozess, der vom Menschen ausgeht, teilnehmen wollen. Wo sie nicht einbezogen werden, wo der Mensch die Früchte seiner eigenen Entwicklung nur für sich gebraucht, geschieht etwas, das die Weiterentwicklung der Erde empfindlich hemmt. Denn die Früchte der eigenen Entwicklung den Wesen der Erde zur Verfügung zu stellen, bedeutet, in dem Bewusstsein zu leben, dass der Mensch eine Aufgabe hat, die viel größer und umfassender ist, als allein für das eigene Seelenwohl zu sorgen. Natürlich ist das persönliche Seelenwohl der feste Grund aller folgenden Schritte. Es darf nur nicht für das letzte Ziel gehalten werden, denn es ist lediglich eine Etappe auf dem Weg des Menschen, ein immer stärkeres Bewusstsein zu entwickeln für die Belange und Bedürfnisse auch der anderen Wesen und Wesenheiten, die auf der Erde leben und seine Brüder und Schwestern sind.

Man geht doch langsam in Kreisen um sich herum. Wer man ist, zeigt sich nur allmählich und zaghaft. Mit der Zeit macht man die untrügliche Erfahrung, dass man sich in dem Schicksal, das man hat, immer wieder selbst begegnet. Man kommt nicht von sich los. Fortschreiten ist ein beständiges Entdecken und Überraschtwerden von sich selbst.

Die oft rätselhaften Bilder der eigenen Biografie entwirren sich erst, wenn man sich erlaubt, Blicke auf das eigene Leben zu werfen, die nicht von der Last fremder Urteile beschwert sind. Fremde Urteile, die man leichtfertig übernimmt, trüben die freie Sicht, und es gilt, sie abzuschütteln. Frei blicken heißt, sich aller Vorurteile zu entledigen und sich von dem Glauben zu lösen, fremde Urteile wären bindend. Anregen sollen sie, nicht aber mehr. In keinem Fall ist es notwendig oder erstrebenswert, dass der Mensch etwas Äußeres heranzieht, um ein Vorbild für sich und sein Leben zu erhalten. Denn er trägt es bereits in sich selbst, er ist eine Wesenheit mit einer geistigen Natur. Er braucht auf kein Vorbild zurückzugreifen, das von außerhalb seiner selbst kommt, um die Richtung zu finden, die für seinen Lebensweg maßgeblich ist. Sein Vorbild kann nur in ihm selbst liegen. Wenn er sich nach einem äußeren Bild richtet, so darf das nur vorübergehend sein, denn er steht sonst in der Gefahr, sich selbst zu verleugnen. Dadurch würde der Wert, den er für sich selbst und damit auch für sein soziales Umfeld hat, verschleiert. Das heißt nicht, dass er die Augen verschließen soll vor an ihn herangetragenen Werten und Tugenden. Aber er darf sie nicht im Glauben übernehmen, damit sei bereits das Wichtigste geschafft. Er darf nicht der Gefahr erliegen, sich unterzuordnen, und sei es der wahrsten und wünschenswertesten Tugend halber.

Individualität ist nicht zu messen. Es gibt schlichtweg keinen Maßstab, der in der Lage wäre, sie zu wägen oder anderweitig ein quantitatives Verhältnis zu ihr zu gewinnen. Das hat damit zu tun, dass das Ich des Menschen noch unfertig ist, was heißt, dass es noch viele und unvorhersehbare Entwicklungsmöglichkeiten in sich birgt. Der Mensch steckt noch in den Kinderschuhen. Sein Ich ist im Verhältnis zu der Weisheit des Organismus wie ein kleines unerfahrenes Kind. Aber auch gegenüber der Weisheit, die im Kosmos und auf der Erde waltet und die jedes Lebewesen durchdringt, ist das, was der Mensch aus sich heraus zu schaffen in der Lage ist, in vielen Fällen noch unentwickelt. Das hat eine große Bedeutung, denn gerade weil er unentwickelt ist, kann sich der Mensch entwickeln. Er ist bildsam.

Das Ich des Menschen ist von den Weisheitsgesetzen des Kosmos und der Erde aber auch nicht vollständig durchdrungen und gelenkt. Es fällt dadurch in einem gewissen Maß aus der Schöpfung heraus. Dank seinem Ich kann sich der Mensch außerhalb der Schöpfung stehend erleben. Die Fähigkeit zu freien Gedanken und Handlungen ist gerade dieser Tatsache zu verdanken. Der Mensch kann sich durch das, was ihn von den anderen Wesen der Erde unterscheidet, durch seine Individualität, jenseits der Einflusssphäre der weisheitsvollen kosmischen Wirkkräfte stellen. Das erst begabt ihn zur Freiheit.

Es gibt hohe Wesen der elementaren Welt, die sehr an der Entwicklung der menschlichen Individualität interessiert sind. Sie haben regelrecht ein Auge darauf geworfen, wie sich die menschliche Individualität von den Fesseln befreit, die ihre Entwicklung hemmen. Ich bin solchen Wesen immer wieder begegnet. Es sind königliche Wesen, die sich in vielen Fällen nur sehr kurz, manchmal nur für einen Augenblick zeigen, die aber dennoch in der Seele einen deutlichen Eindruck hinterlassen. Sie suchen den individuellen Menschen, den, der durch sich selbst wächst. Von diesem Wachstum erwarten sie Impulse, die nicht nur dem Menschen, sondern auch der Erde dienen. In der Entwicklung der Individualität des Menschen sehen sie ein

Geschehen, das für die ganze Erde und ihre Wesenheiten von Bedeutung ist. Ganz bestimmte, sehr zukünftige Kräfte werden der Erde geschenkt, wenn der Mensch Schritte unternimmt, die ihn dazu führen, seine ureigene Wesenheit zu leben.

Sich von den Fesseln zu befreien, die individuelles Wachstum verhindern, ist eine große Arbeit. Es gibt viele Erwartungen, Ansprüche, Forderungen, soziale Strukturen und Gedankenformen, die den Menschen so binden, dass er daran gehindert wird, sich selbst zu leben. Indem er Erwartungen zu erfüllen sucht, die nicht seinem eigenen freien Wesen entsprechen, kann er gar nicht selbstlos wirksam sein. Es ist eine Illusion zu meinen, fürs Ganze sinnvoll wirken zu können, wenn man es nicht aus vollkommener Freiheit tut. Wo der Mensch sich aber schon der Fesseln entledigt hat, die seine freie Entwicklung hemmen, und wagt, seiner inneren Stimme zu folgen, gehen äußerst lebendige Impulse von ihm aus, durch die er der Erde etwas zufügt, das sie aus sich heraus nie bilden könnte. Die Elementarwesen reden von dem, was so in ihr Reich hineinstrahlt, in den höchsten Tönen. Es ist ein Gut, das weit in die Zukunft der Erdenentwicklung weist und das von den Elementarwesen wie ein Allerheiligstes gehütet wird, damit es durch die Zeiten seine nährende und heilende Wirkung entfalten kann.

Die Gewinnung der eigenen Individualität fängt im Innern des einzelnen Menschen an, indem er Kräfte in der Seele aufruft und sammelt, die ihn dazu befähigen, den Fesselungen zu begegnen, die ihn von außen einengen. Der Mensch empfindet die ihm eigene Größe und Unabhängigkeit häufig nicht, weil er sich an die engen Lebensformen gewöhnt hat, in die er gezwängt ist. Er kommt gar nicht auf die Idee, dass er ein anderer sein könnte als der, der er ist. Erst Schicksalsereignisse, die von außen an ihn herantreten, die ihn erschüttern, bieten ihm die Möglichkeit, sich von einer anderen Seite zu sehen. Sie erlauben ihm einen freieren Blick auf sich selbst und geben ihm die Gewissheit, dass noch ein anderer in ihm lebt, der sich in dem Leben, das er bisher geführt hat, noch nicht erschöpfend offenbaren konnte. Sein Schicksal stellt ihn vor Prüfungen, durch die er sich selbst in einem neuen Licht sehen kann – er lernt sich neu kennen.

Das Bewusstsein, das ein Mensch von sich und seinem Leben hat, umfasst nicht die große Individualität, die er eigentlich ist. Das geistige Wesen eines jeden Menschen, der reife Mensch, ist viel größer als dieses Bewusstsein. Die große Individualität eines Menschen ist weiter und umfassender als sein Ego, dieses kleine Ich, für das er sich nur zu leicht hält. Dieses ist an das Leben gebunden, das er gerade führt; es bildet sich an seiner Biografie. Doch schwimmt dieses Ego in dem Ozean des großen kosmischen Menschen, der alle Erdeninkarnationen sowie die Regionen des Schlafes und des Todes umfasst. In ihn geht das bewusste Ich ein, wenn es das Bewusstsein verliert. Das kleine Ich steht so in einer beständigen stillen Kommunikation mit der großen Individualität, dem hohen Stern des Menschen, durch den er auch die Impulse erfährt, die ihn zur Freiheit und Unabhängigkeit seines Wesens führen wollen. Wie der wache Mensch ein Teil des schlafenden ist und der lebende nur ein Teil des verstorbenen, so ist auch das bewusste Ich des Menschen nur ein Teil seiner umfassenden Individualität.

## Die Erde als ein Spiegel der Seele

Indem man sich lauschend auf die Botschaften einlässt, die die Wesen der Erde, die Pflanzen, die Tiere, die Elementarwesen und die Wesenheiten der höheren Welten der Seele zuraunen, wird man gewahr, dass die Seele sich selber in den Erscheinungen der sinnlichen Erde wie in einem geheimnisvollen Spiegel schaut. In diesem Spiegel kann der Mensch das betrachten, was er selbst als innere Weisheit in sich trägt, weil er ein Seelenwesen ist. Je weiter er sich in das vertieft, was er um sich herum antrifft, desto mehr erfährt er über sich selbst, denn es gibt vielfältige und überraschende Bezüge zwischen seiner inneren Welt und der ihn umgebenden äußeren. So kann er, wenn er die Fische oder die Vögel oder die Bäume, die Seen, Flüsse oder Berge betrachtet, viel über sich, über bestimmte Aspekte seiner eigenen Wesenheit in Erfahrung bringen. Die genaue Wahrnehmung zeigt, dass die Eiche einen anderen Einfluss auf die Seele hat als die Esche oder der Efeu, das Reh einen anderen als der Esel und der Frauenmantel wiederum einen anderen als die Schafgarbe. Indem man sich für das öffnet, was sich durch die verschiedenen Wesen der Seele mitteilt, werden einem Schichten oder Aspekte der eigenen Seele gezeigt. Die Seele entdeckt sich selbst, wenn sie hinlauschend dem sich aufschließt, was durch die Pflanzen und Tiere und Landschaften, durch Menschen und geschichtliche Ereignisse spricht. Der liebevolle Blick hinaus offenbart immer auch ein inneres Geheimnis. Wendet sich der Mensch dem zu, was ihm seine Sinne offenbaren, gelangt er zu einem Tor, das ihn auf den Weg zu sich selbst führt. Er braucht das Äußere nicht als etwas anzusehen, das mit seinem Wesen nichts zu tun hätte, sondern er kommt, indem er sich in ein anderes Wesen einfühlt, immer auch seinem eigenen Wesen näher. So redet die Erde nie ausschließlich über sich selbst, sondern immer zugleich über den Menschen und die tiefen Zusammenhänge, die es zwischen ihr und den Wesen, die die Erde beleben und bewohnen, gibt. Die Seele des Menschen ist etwas, das allem eingeschrieben ist, sie ist ein geistiges Urbild, das geheimnisvoll jedem und allem angehört, das in allem und durch alles hindurchwirkt, hindurchklingt, hindurchleuchtet und das deshalb auch in der äußeren Welt gefunden werden kann.

Wenn man sich eingehend mit dem Wesen der Pflanzen befasst, die Vielfalt und Verspieltheit ihrer Formen beobachtet und die Seelenbilder aufnimmt, die sich aus diesem Studium ergeben, wird man mit der Zeit merken, wie aus der einzelnen Pflanze ein seelisches Wesen spricht. Indem man Blüte um Blüte anschaut, lernt man Aspekte kennen, die in tiefem Zusammenhang zum eigenen Seelenwesen, ja zur eigenen Persönlichkeit stehen. Es ist eine erstaunliche Erfahrung, diese Seelenverwandtschaft zwischen Mensch und Pflanze zu erleben. Die Pflanzen reden seelisch zum Menschen, es ist die Sprache der Seele, die in ihnen und ihren Blüten zum Ausdruck kommt. In den blühenden Pflanzen begegnet der mitfühlende Beobachter sich selbst. Die Forschungen, die Edward Bach betrieben hat und die dazu geführt haben, dass er die Methode zur Herstellung der Blütenessenzen entdeckte, gehen in diese Richtung. Hier die Worte einer Gartenfee, die auf denselben Zusammenhang zielen:

> Die Seele des Menschen kann sich in jede Blüte hineinlegen wie in ein Bett, wie in den Schoß der Erde. Aus diesem ist die Seele ja eigentlich hervorgegangen. Der Erdenschoß ist der Ursprung der menschlichen Seele, er ist ihr Muttergrund. Aber auch in den natürlichen Erscheinungen des Lebens, in dem, was durch die Sinne aufgenommen werden kann, zeigt sich, was in der Lebensquelle des Erdenschoßes seinen Ursprung hat. Alles Seiende hat seine Quelle im heiligen Innern der Erde. Auch in der menschlichen Seele erscheint der Erdenschoß in den verschiedenen, vielfältigen Aspekten, die ihr Leben ausmachen. Sie ist ein Kind der heiligen Erde, ihres geistigen Urgrundes. Die Blüten sind Wesen, die auf eine sehr unmittelbare Art der Erdenseele

Ausdruck und Gestalt verleihen. In ihnen zeigt sich in sichtbaren, in lebendigen Bildern das Seelenwesen der Erde. Gleichzeitig bergen sie Zugänge zum Urseelenwesen des Menschen, dessen Abbild in jedem Menschen in individualisierter, durchmenschlichter Form erscheint.

Diese Zusammenhänge können einen Weg weisen, Pflanzenkunde zu betreiben. Sie ist immer auch Seelenkunde. Jede Blüte löst in der Seele etwas aus; die Seele wird dabei von etwas berührt, das ihr sehr nahe kommt, das sie zu kennen scheint, wenn sie nur Form und Farbe eingehend auf sich wirken lässt. Die reine Anschauung der Blüte lässt die Seele vibrieren, sie wird von etwas ergriffen, das sie in sich zu fühlen meint. Indem man dem sich hingibt, was man bei der lauschenden Wahrnehmung der Blüten wie einen Nachklang erlebt, wird man aufmerksam auf die tiefe Verwandtschaft von Seele und Blüte, die recht eigentlich Geschwister sind. Man kann die Blüte als Botschafterin der Urseele begreifen.

Exemplarisch möchte ich nun für einige Pflanzen zeigen, auf welche Seelenaspekte man stoßen kann, wenn man sich ihrem Wesen hingebungsvoll und unbefangen nähert. Dabei ist zu beachten, dass jede Pflanze ein komplexes Wesen ist, die viele Themen in sich vereint. Hier werden jeweils nur einige wenige Aspekte herausgegriffen.

Die *Calendula* ist Trägerin eines sehr feinen, leichten Lichtes, das auf die Seele intensiv belebend wirkt. Es scheint, als erlange die Seele durch die Wirkung dieses Lichts eine Erneuerung, eine Lebenserneuerung. Es ist, als werde durch das Licht eine Tiefenreinigung angeregt, welche die Seele von Ballast befreit, der auf ihrem Grund ruht.

Die Blüte der *Hainbuche* löst ein tiefes Vertrauen aus, das auf die gesicherte Existenz der Erde gründet. Letztendlich geht es um das Verwurzeltsein in der geistigen Welt, das in der Seele durch die Erfahrung entsteht, mit den Füßen über festen Boden zu gehen. Diese Festigkeit vermittelt der Seele die Gewissheit, dass sie nicht aus der Welt herausfallen kann, dass sie ewig ist und einen geistigen Ursprung hat.

Die Anschauung der *Lärchenblüte* weckt ein tief in der Seele schlummerndes Gefühl, das mit dem Wunsch zu tun hat, seinen Lebensweg in eigenen, selbstverantworteten Schritten zu gehen. Die Aufmerksamkeit wird auf das Bedürfnis gelenkt, zu sich selbst, zu seinem persönlichen Weg zu stehen. Und es wird der Wille geweckt, seine Handlungen aus dem Selbst hervorgehen zu lassen.

Die Kraft der *Rose* ist mit einem besonderen Ort unserer Seele verbunden und mit dem, was man das innere Kind nennen kann. Die Rose öffnet ein Seelentor, durch das das Kind schreiten kann, um mit dem wachbewussten Seelenanteil ins Gespräch zu kommen. Das Bewusstsein lauscht der leisen und zugleich eindringlichen Stimme des inneren Kindes. Es gehört Mut dazu, diese Stimme zuzulassen, da durch sie etwas in Bewegung kommt, das sehr aufwühlend sein kann, denn die Stärke des Kindes ist seine unbedingte Wahrhaftigkeit.

Die *Schafgarbe* spricht die Kräfte der Seele an, die ihr Schutz, Beständigkeit und innere Stärke verleihen. Die Seele richtet sich an diesen Kräften auf, sie wird von einer Spannkraft ergriffen, die sie wehrhaft macht. Schafgarbe vermittelt einen Schutz, der einhüllt und von innen stabilisiert. Schafgarbe bietet der Seele eine Möglichkeit, Orientierung an sich selbst zu finden.

Das *Gänseblümchen* strahlt auf die Seele eine starke Tiefenwirkung aus. Sie rührt an Schichten, die mit dem Heiler zu tun haben, den jeder Mensch in sich trägt. Die Blüte des Gänseblümchens erinnert die Seele daran, dass sie über Kräfte des Ausgleichs, der Gesundung und der Verwandlung verfügt. Der Zugang zu diesen Kräften kann verschüttet sein; wirkliche Heilung bedeutet, diesen Zugang wiederzufinden und zu öffnen. In diesem Sinn ist das Gänseblümchen eine große Trostpflanze, die in der Lage ist, die Seele in sehr schwierigen, ja hoffnungslosen Situationen zu stärken.

Von der *Weißdornblüte* geht ein Glanz in die Seele über, der sie tief bewegt, der sie in ihrem Innersten trifft. Es ist wie eine Urerinnerung an Kräfte, die in verborgenen Kammern der Seele bewahrt sind. Die Seele wird durch den Weißdorn mit dem verbunden, was seit Urzeiten in ihr ruht als unbedingte Hoffnung auf Erlösung. Kräfte werden wachgerufen, die keinen Zweifel daran zulassen, dass alles sein gutes Ende haben wird.

Das *Johanniskraut* ist eine Pflanze, die sehr viele verschiedene Strömungen und Richtungen in sich vereinigt. Sie ist von einer starken Kraft der Vermittlung und Integration durchdrungen. Selbst das Dunkelste wird ans Licht gehoben, das Abwegigste beleuchtet, das Niedrigste beachtet. Johanniskraut ist eine Pflanze, die keine Schatten fürchtet und die fähig ist, ihr Licht in die tiefsten Dunkelheiten zu tragen.

Wer sich mit der *Mistel* befasst, wird fühlen, dass sie ein bedeutsames Geheimnis bewahrt. Sie führt die menschliche Seele an ihre eigenen Schöpfungs- und Entwicklungsgeheimnisse heran. Durch die Mistel blickt die Seele zurück auf ihr eigenes ursprüngliches Dasein zu der Zeit, als sie noch ein reines Geistwesen war und unter den Wesen der geistigen Welt lebte. Ihr eigener Geistursprung blickt sie durch das Leben der Mistel an.

Die *Schlehe* ist eine Pflanze der Kraft, der Lebenskraft. Unerschütterliche Kräfte ergreifen die Seele, die sich ihrer Wirkung aussetzt, stärken und formen sie bis in ihre Tiefen. Eine Kraftstruktur fließt in die Seele, die sie widerstandsfähig macht gegen Einflüsse, die von außen an sie herantreten und sie vereinnahmen wollen.

*Arnika* hat eine starke Wirkung bis tief in die physische Ebene hinein. Sie ist eine Trostspenderin in Situationen, in denen dem Menschen der Boden unter den Füßen weggezogen wird. Wenn nichts mehr hält, wenn alle Sicherheiten verschwinden, ist Arnika am rechten Ort. In Situationen tiefer Verzweiflung, Verlassenheit und Angst entwickelt Arnika eine Kraft des Gottvertrauens.

Der unscheinbare *Frauenmantel* wirkt in die Richtung der Integration, der Zusammenführung. Er dient dem Sammeln und der Annahme dessen, was die Seele bereits verlorengegeben hat, was sie fallen gelassen und verdrängt hat. Das können zum Beispiel bestimmte Erlebnisse, Wünsche oder Sehnsüchte sein. Frauenmantel rührt an dem, was auf dem Grund der Seele ruht, an den Erlebnissen und Weisheitsschätzen, die sich der Mensch in den Zeiten seiner Wanderschaft über die Erde errungen hat und die, wenn sie ans Licht seiner Aufmerksamkeit gehoben sind, erst seine ganze Individualität ausmachen werden.

# IV Ein innerer Weg

## Höheres Leben

Es ist ein Signum der heutigen Zeit, dass die Seele des Menschen ein Leben auf der Grenzlinie zwischen innerer und äußerer Welt führt. Die geistige Welt spricht sich zunehmend deutlich und unumwunden in der Seele aus; das Bewusstsein dafür, nicht nur in der sinnlichen Welt beheimatet zu sein, dämmert immer stärker herauf. Der Mensch hat von sich selbst den Eindruck, ein Wanderer zwischen den verschiedenen Welten zu sein, einer, der hin und her geht, der das eine ins andere trägt und umgekehrt. Das hat nun zur Folge, dass sich das Verhältnis zu dem, was man Alltag nennt, ändert. Gerade die alltäglichen Ereignisse sind wunderbar geeignet, sich spirituell weiterzuentwickeln. Die althergebrachte Trennung zwischen sakral und profan ist in einem gewissen Sinn aufgehoben. Das tägliche Geschehen, der Ruf des unmittelbaren Lebens, die Aufgaben des Augenblicks wenden sich an den Menschen auch als ein spirituelles Wesen. In dem, was dem Menschen durch sein Schicksal begegnet, sind die Gaben der geistigen Welt genauso zu finden, wie sie durch ein inneres meditatives Leben in Erscheinung treten können. Das Leben selbst weiht heute den Menschen ein. Es tut das auf eine ganz unmittelbare Art, nur muss man den Blick dafür gewinnen. Das Leben selbst ist zu einem Tempel geworden. Die Gaben der geistigen Welt treten in dem auf, was die Seele als ihr unmittelbares Schicksal erlebt, durchlebt und zu verwandeln aufgefordert ist. Das macht innere geistige Arbeit nicht unnötig, in vielen Fällen lassen sich Schicksalsereignisse sogar nur dann in der richtigen Art annehmen und bewältigen, wenn sie durch eine energische innere Arbeit begleitet werden.

Gerade Zustände großer Trauer oder Verzweiflung, gerade Erlebnisse der eigenen Ohnmacht und Mutlosigkeit stellen Einbrüche dar, die einen die Sprache und Wirkung der geistigen

Welt erleben lassen. Dadurch öffnet sich ein Tor der Seele, das der betroffene Mensch vielleicht schon lange gesucht hat, auch wenn er davon kein klares Bewusstsein hatte. In diesen Momenten kann die Seele von der Erfahrung eines Wesens ergriffen werden, das den Auftrag hat, den Menschen an die Geheimnisse der geistigen Welt heranzuführen. Die Wesenheit, die hier gemeint ist, ist die des großen Sonnenwesens, des Christus. Überall dort wird die Seele für diese Wesenheit empfänglich, wo sie an Grenzen stößt oder sich Widerständen gegenübersieht, die ihr unüberwindbar scheinen. Es sind gerade in der heutigen Zeit häufig Krisen und Schwellenerlebnisse, die die Seele so lockern, dass sie sich unerwartet der Wesenheit des Christus gegenübersieht. Sie erkennt ihn in vielen Fällen ohne den geringsten Zweifel, sie weiß, er ist es, ohne sich selbst einen Beweis für diese Einsicht abverlangen zu müssen.

Wer Erfahrungen in dieser Richtung hat, wird wissen, dass Christus zur Seele des Menschen durch die Zwischenräume spricht, durch die Übergänge, durch das, was sich zwischen den Dingen und den Menschen abspielt, zwischen den Zeiten, zwischen den Räumen, auf den Schwellen und Grenzen. Wo Grenzen sind und Grenzerlebnisse auftauchen, ist Christus sicherlich anwesend, denn es ist seine Aufgabe, Grenzen durchlässig zu machen. Er ist an den Grenzscheiden des seelischen, aber auch des sinnlichen Lebens zu finden, denn er verwandelt Grenzen in Hüllen, in Schutzhüllen. Wo Trennung und Entzweiung auftreten, wo alle Bewegung erstarrt, der lebenswichtige Austausch versiegt, wo starke Kräfte der Fesselung herrschen, ist Christus zu finden. Er kümmert sich um das Leben, das hinter starre Grenzen gezwungen ist. Alles, was dazu beiträgt, dass Grenzen, geistige, seelische oder physische, sich auflösen und zu lebendigen und atmenden Hüllen, zu wirklichen Schutzhüllen werden, geschieht unter seiner liebenden, sorgenden Hand.

Wo schon eine Schutzhülle ist, wo Leben, inneres oder äußeres, bereits sicher ist, wo die Lebensschätze bewahrt werden, wo man über seine eigene Kraft ganz unmittelbar verfügt, ist er mit seiner Wirkung schon angekommen. Er ist da, um das Leben, das heilig und kostbar ist, zu bewahren, denn nur so kann es sich verwandeln.

## Erdenkrone

Es ist eine ganz wesentliche Erfahrung der heutigen Zeit, dass die Erde den Menschen ebenso adeln und krönen kann, wie es der Himmel und seine Wesen tun. Man kann das in das Bild der Erdenkrone fassen, die von jeder Seele schon dadurch empfangen wird, dass sie zur Erde niedersteigt. Der Mensch empfängt sie bereits durch sein Schicksal und das Leben auf der Erde selbst. Die Erde krönt den Menschen. Das ist aber nur das eine, denn man kann sich der Erdenkrone auch durch eine bewusste, aktive Seelengeste nähern. Die Geste zur Empfängnis dieser Krone ist eine innere: Man neigt sich durch die Schichten des verborgenen geistigen Lebens der Erde zu. Die Darstellungen in diesem Buch sollen dazu verhelfen, einen Zugang zu dieser inneren Geste der Empfängnis zu finden, hinter der der Wunsch nach einer tiefen Vereinigung mit den Geheimnissen der Erde steht. Voraussetzung ist, dass man sich mit einer entschlossenen seelischen Geste loslässt, das heißt, dass man wirklich von sich selbst absieht. Indem man das tut, wird man zu einem Erdenbürger, der dem geistigen Leben der Erde unbedingt zugewandt ist; so ist man vorbereitet, einen Blick auf die Erdenkrone zu werfen. Es ist die Krone der Erdenweihnacht, der Erdeninnerlichkeit, des heiligen Erdenlichts. Diese aufnehmend wird man von einem Lebensstrom erfasst und durchdrungen, der die Seele befähigt, vor allen Widrigkeiten ruhig stehenzubleiben, auch vor dem Tod. Dadurch wird man von jeder Angst befreit, auch von der, die der Tod auszulösen vermag. Für den Träger der Krone wird der Tod zum Bruder, den man gut kennt, denn man ist ihm schon oft begegnet. Die Erde selbst ist in ihrem geistigen Wesen ganz mit dem vertraut, was der Tod für die Seele des Menschen bedeutet. Es gibt keinen endgültigen Abschied, aber Wandlungen und Verwandlungen, Übergänge und Entwicklungsschritte gibt es.

Sich mit dieser inneren Geste seinem Schicksal, der Erde und ihrem geistigen Wesen zuzuwenden, ist eine wesentliche Tat des Menschen, deren Wirkung man nicht unterschätzen darf. Heerscharen von geistigen Wesen sind mit der Aufgabe betraut, die Erde zu schützen und zu behüten. Ihnen wendet sich der Mensch zu, wenn er die Krone aufzunehmen bereit ist, die die Erde ihm überreichen möchte. Er wird diese Gabe aber nie erzwingen können, er kann nicht einmal erwarten, sie überreicht zu bekommen. Wohl aber kann er sie von einer Sekunde auf die nächste wieder verlieren. Mal kann er Träger eines winzigen Anteils sein, mal sie, in besonderen Augenblicken, in ihrer ganzen Größe empfangen. Nur werden diese Rhythmen nicht von seinem Willen abhängen, er wird niemals von einem Recht ausgehen können, sie zu besitzen. Und doch gibt es keinen Menschen, der nicht Kronenträger wäre. Jeder trägt mit, weil er ein Schicksal hat, das ihn mit der Erde verbindet.

Im Sinn der Erde bedeutet sich beugen empfangen. Man verliert dadurch seine Aufrechte nicht; man gewinnt sie eigentlich erst, indem man sich verbeugt, zumindest wenn man es nicht tut, um einer äußeren Macht zu gefallen. Sobald es aus eigenem Willen und Entschluss geschieht, aus einem tiefen Bedürfnis heraus, aus einem Lebensstrom, der seine Quelle ganz in der eigenen Persönlichkeit hat, verleiht das Verbeugen der Seele wesentliche und wertvolle Kräfte.

Den inneren Weg zu gehen, der dazu führt, dem geistigen Wesensgrund der Erde näherzukommen, ist voller Fänge und Schwierigkeiten, denn dieser Weg führt immer an und sogar durch die eigenen Seelenabgründe. Auf diesem Weg tritt all das ins Bewusstsein, von dem man am wenigsten wünscht, es zu erblicken. Die Geister der Verneinung und Vernichtung, die man als einen Wesensaspekt der eigenen Persönlichkeit in sich trägt, werden offenbar. Die Geheimnisse der Erde, ihre zahlreichen Wesen und vor allem die Wesenheiten der inneren Erde offenbaren sich nur einem geistigen Blick, der keine Angst hat, diesen Geistern gegenüberzutreten. Um ihren Anblick auszuhalten, braucht man eine gewisse Praxis im Umgang mit den eigenen Schattenseiten, den blinden Flecken, den Schmerzpunkten, Selbstlügen, Zweifeln und Ängsten. Denn sie nisten sich dort ein, wo man nicht die Verantwortung für sich und den eigenen Schicksalsweg übernimmt. So erfüllen sie eine wichtige Aufgabe, nämlich auf die Seelenbereiche hinzuweisen, die verkümmert und unbeachtet sind, die totgeschwiegen und verkannt werden. Sie dürfen aber die Seele nicht dazu verleiten, wegzuschauen. An ihnen lässt sich ablesen, wenn man sich noch nicht vollständig bejaht. Was man von sich nicht annimmt, was man wegstößt, obwohl es zu einem gehört, wendet sich wie ein Stachel gegen die eigene Seele und bindet freie Seelenkräfte, was zu Entscheidungsunfähigkeit, Abhängigkeit und Lähmung führt.

Ein wichtiger Schritt auf dem Weg zu einer vertieften Erkenntnis der Erde und ihrer Wesen ist eine Seelenfähigkeit, die man als Präsenz im Jetzt bezeichnen kann. In diesem Zustand werden Vergangenheit und Zukunft gleichermaßen negiert, übrig bleibt eine Aufmerksamkeit, die von allen Erwartungen, allen gedanklichen Einflüsterungen und anderen Störungen befreit ist. Nun ist es aber kaum möglich, ununterbrochen einen Zustand der vollständigen Präsenz im Jetzt einzunehmen, vielleicht gelingt es einem für kurze Zeit oder zumindest für sehr kurze Zeit, aber das reicht in vielen Fällen bereits. Indem man diesen Zustand einnimmt, beginnt die Welt, die sich um einen befindet, ein neues Leben, das Gewohnte erscheint in einem unbekannten, neuen Licht. Unmittelbar, rein und leicht treten die Wahrnehmungen der Dinge und Wesen durch die Sinnestore in die Seele. Der ungetrübte Ausdruck der Gegenwart tritt in Erscheinung, sobald man alles, was in irgendeiner Weise die Zukunft oder die Vergangenheit betrifft, fahrenlässt. Es tritt vor die Seele das lebendige Bild der Erde und ihrer Wesen, die sich in den vielfältigen Formen, Farben, Bewegungen und Gesten des irdischen Daseins zeigen. Das unmittelbare sinnliche Gesicht der Erde und ihrer Wesenheiten offenbart sich. Die Sinne werden zu dem erhoben, was sie eigentlich sind: zu Organen, mit denen die Seele das Leben der Erde erkennt. Die Seele nimmt das Leben der Erde ganz unvermittelt in sich auf. Es ist wichtig zu begreifen, dass dieses Leben noch vor allem Gedanklichen, noch bevor man einen einzigen Gedanken denkt, von der Seele erfasst wird. Es sind die reinen Mitteilungen und Botschaften der Erde, die sich so mit der aufmerksam wahrnehmenden Seele vereinen, ohne dass sie bereits durch die Gedanken in eine Richtung verändert wurden, die vielleicht ihrem Wesen gar nicht entspricht. Diese vorgedankliche Wahrnehmung ist die Quelle der Erkenntnis, denn in ihr lebt das Wesen der Dinge, unberührt von aller menschlichen Einmischung. Der Mensch hat diese Wahrnehmungen aber nur fühlend, denken kann er sie nicht, doch wird er dazu übergehen, das, was er so erfahren hat, mit Gedanklichem anzureichen, es zu durchdringen und seinem Verstand zugänglich zu machen. So vorgehend lässt sich auch der Unterschied erkennen zwischen einer unmittelbaren Erfahrung und einer, die bloß im Gedanklichen ihren

Ursprung hat. Es kommt darauf an, dass der Mensch sich die Quelle der unmittelbaren Erfahrung erhält, sonst verschließt er sich der geistigen Erkenntnis; er darf, wenn er sich mit den Tatsachen der geistigen Welt vertraut machen will, nicht dem Gedanklichen verfallen und sich ihm unterordnen, ihm also hörig werden. Reine Erfahrung ist die unverzichtbare Quelle aller geistigen Einsichten, aller Intuitionen.

So kann es geschehen, dass man hinter den Schleier des Physischen zu schauen beginnt. Er weicht, vielleicht anfänglich nur für einen kurzen Moment, zurück, und das Sinnliche wird für die Welt, die sich dahinter verbirgt, durchlässig. So verlieren die Gestalten der Felsen und Bäume, der Pflanzen, ja aller Dinge ihre Starrheit, ihre Festigkeit und offenbaren ein Leben, das in den sichtbaren physischen Formen jeweils für einen kurzen Moment angehalten ist. Das Erstarrte ist für den Blick, der den Schleier durchdringt, nicht länger fest, sondern zeigt sich lediglich als eine Form der Wirklichkeit, nämlich als die sinnliche, die äußerlichste, die man sich denken kann und die gemeinhin die tote Materie genannt wird. Die Wahrnehmung eines Lebens hebt an, das keine Begrenzung kennt, das sich nicht an die physische Formgebung hält, sondern weit über sie hinaus Wirksamkeit entfaltet. Ein ungeahntes Zusammenspiel von Kräften offenbart sich, jedes Wesen befindet sich gemeinsam mit allen anderen in einem großen, lebendigen Ozean, in dem aber keine Willkür herrscht, sondern exakteste Ordnung. Unvorstellbare, undenkbare Weisheit liegt in diesem Zusammenspiel. Schrittweise geht der Seele die Welt der Elementarwesen, der Tierseelen und Pflanzengeister auf, aber auch die verstorbenen und ungeborenen Seelen zeigen sich dem inneren Blick. Schließlich offenbaren auch die scheinbar festen Mineralien dem Betrachter, dass sie ebenfalls Wohnstätten zahlreicher geistiger Wesenheiten der elementaren und höheren Welten sind. Diese Erfahrungen sind mit einer Erhöhung der Bewusstseinskräfte verknüpft. Es ist kein Traum, in den sich die Seele begibt, um solche geistigen Wahrnehmungen zu machen, sondern ein Zustand erhöhter Wachsamkeit, einer Wachheit, die das übliche Wachbewusstsein übersteigt.

Man begegnet nun in der geistigen Welt Wesenheiten, vor denen man sich nicht verbergen kann, denn sie schauen tief auf den Grund der eigenen Seele. Diese Begegnungen sind Prüfungen, durch die man dem Rätsel, das man selber ist, einen wichtigen Schritt näher kommt. Die Masken, über die man verfügt, werden einem bewusst. Sie bieten einem die Möglichkeit, in der menschlichen Welt etwas zu gelten, eine Rolle, einen Platz einzunehmen. Eigentlich sind sie ein Schutz, um sich nicht dem eigenen Geheimnis stellen zu müssen, weil man vielleicht die Kraft noch nicht hat, es zu ertragen. Hohen geistigen Wesen fehlt jede Scheu vor der Wahrheit. Ihnen zu begegnen ermuntert, sich all dessen zu entledigen, was sich der Lügen und Täuschungen bedient, das heißt, auf die Äußerlichkeiten zu verzichten, an die man bisher geglaubt hat und die man für die eigentliche Persönlichkeit für unverzichtbar hielt. Es liegt letztendlich ein schlimmer Verrat darin, seine Persönlichkeit auf diese Art von Selbstbetrug zu bauen, vielleicht ist es der schlimmste, den man begehen kann, denn er zieht wesensmäßig weitere nach sich. Täuschung und Lüge bringen immer neue Täuschungen und Lügen hervor. Sich von diesen Feinden der Individualität – denn das sind sie eigentlich – zu lösen, bedeutet auch, die Urteile in Frage zu stellen, die bisher das Leben geleitet und beherrscht haben. Wenn alle äußerlichen Bestätigungen, Direktiven und Formen, nach denen man sich richtet, wegfallen, was bleibt dann noch, worauf gründet sich dann noch die eigene Wertschätzung? Man muss sich dieser Frage einmal stellen. Welche Vorstellungen hat man eigentlich von sich selbst, wen meint man, darstellen zu müssen? Muss man überhaupt jemanden darstellen? Es liegt auf der Hand, dass man die Antwort auf diese Frage nur durch innerliche Arbeit finden kann.

Man begeht einen folgenschweren Irrtum, wenn man annimmt, Gedanken hätten keine Macht; ganz im Gegenteil: Auf der Erde ist nichts mächtiger als die Gedanken. Alle Gedanken, denen sich die Seele unterordnet, ohne es zu merken, entwickeln eine unglaubliche Magie. Denn die Seele hält etwas Fremdes für ihr Eigenes, dem sie dann großzügig erlaubt, über sie zu herrschen. Einem Fremden, über dessen wahres Sein sie sich täuscht, erlaubt sie, Macht auszuüben.

Bestimmte Gedankenmuster sind der Seele als feste, nicht in Frage zu stellende Sätze und Überzeugungen eingeschrieben. Nach diesen lebt sie ihr Leben und beurteilt das, was ihr durch das eigene Schicksal geschieht. Entlarvt man solche Leitsätze oder Überzeugungen, staunt man über die Macht, die sie besitzen. So können sie lauten:

Du musst dir jeden Genuss verdienen.
An deinen Taten wirst du gemessen.
Gedanken sind Schaum.
Anpassung ist die Voraussetzung für Erfolg.
Selbstbeherrschung ist die Grundlage jeder persönlichen Entwicklung.
Misserfolg ist eigenes Verschulden.
Jeder denkt zuerst an sich selbst.
Wer bekommen will, muss geben.
Verwandlung geht immer mit Opfer und Leiden einher.

Durch Sätze und Überzeugungen dieser Art gibt man sein Schicksal in die Hände von Gedanken, die mit der wirklich einmaligen Individualität, die man ist, oft nur sehr wenig zu tun haben. Es ist eigentlich unglaublich, dass man sich ihnen unterordnet und ihnen erlaubt, Macht über einen auszuüben. Indem man solche machtvollen Sätze aufspürt und als solche erkennt, ist in der Regel schon ein sehr wichtiger Schritt getan, denn nun können sie nicht mehr unerkannt ihr Unwesen treiben, sie werden gezwungen, sich im Licht des vollen Bewusstseins zu zeigen. Dadurch kann man ihnen ihre gebieterische Rolle nehmen. Indem man sich ihnen innerlich ganz bewusst stellt, macht man ihnen deutlich, dass sie nicht mehr zu einem Teil der eigenen Seele und somit der eigenen Biografie gehören. Man versucht, sie zu verabschieden, was – und das ist das Erstaunliche – den Gedankenmustern viel schwerer zu fallen scheint als einem selbst. Die Gewohnheit, die in ihnen liegt und durch die sie die Seele umfangen und besetzen, ist eine ganz eigene Natur, sie wehren sich dagegen, den Ort, den sie besetzen, zu verlassen.

Nun kann man die besondere Erfahrung machen, dass sich die Gedankenmuster nur dann auflösen, wenn der, der sich von ihnen befreien möchte, sie nicht wegstößt, sondern annimmt, ihnen also mit den Kräften seines liebenden Herzens begegnet. Sie wollen geliebt, wertgeschätzt und geachtet werden, sonst haben sie keinen Grund, sich von dem Seelenwesen, mit dem sie verbunden sind, zu lösen. Sie zu unterdrücken, vermehrt erfahrungsgemäß den Zwang, der von ihnen ausgeht. Um sich von ihnen zu lösen, braucht es Entschlossenheit und die Kraft der Liebe. Nur wirkliche Einsicht in die magische Funktionsweise von Gedanken und in die Einschränkungen und das Leiden, das sie bei den betroffenen Menschen hervorrufen, sowie die Überzeugung, dass Ungeliebtes sich nicht verwandeln kann, helfen hier weiter. Erst die Herzenskräfte bringen eine seelische Dynamik hervor, der kein Beharrungsvermögen widerstehen kann und mit der sich die erstarrten und zwingenden Gedanken allmählich auflösen lassen.

Eine junge Frau erzählte mir einmal, dass sie Gedanken, von denen sie sich lösen möchte, wie ein Kind wiegt, das getröstet werden will. Manchmal singt sie ihnen ein Lied, bis sie sich beruhigt haben. Dadurch fällt der Zwang ab, der von ihnen ausgeht.

## Meditation

Das Gedankliche, das heute so eine große Macht über den Menschen besitzt, kann man am besten durchschauen, wenn man sich den Gedanken in einer innerlichen Geste zuwendet. Jeder Begriff ist bereits eine große Welt für sich, die man erfahren kann, wenn man sich in ihn versenkt. Dadurch kann man die Welten kennenlernen, die sich in den Begriffen verbergen und gleichzeitig durch sie offenbaren. Dabei werden Kräfte frei, die dahin wirken, dass die Seele an innerer Klarheit und Demut gewinnt. Die Seele nimmt, indem sie sich meditativ mit den Geistgründen verbindet, die sich in den Begriffen aussprechen, etwas auf, durch das sie sich nähren kann und schlussendlich wächst. Hier ist eine Folge von Begriffen, die für diese innere Arbeit geeignet sind:

Ruhe
Seelenruhe
Atemleichte
Gedankenstille
Wartendes Erwarten
Daseinsglück
Lebenskraft
Mut
Licht
Weisheit
Wahrheit
Wille

# V Das Buch der Natur ist noch nicht fertig

## Seelenschatten

Im Zusammenhang mit dem hier Dargestellten soll darauf hingewiesen werden, dass man, wenn man beginnt, die wahre Gestalt der geistigen Welt wahrzunehmen, immer zuerst sich selbst begegnet. Man kann es geradezu als ein Indiz für den Eintritt in die geistige Welt betrachten, wenn man in die Situation kommt, an sich selbst, an der eigenen Wesenheit und ihrer Geschichte vorbeigelangen zu müssen. Man wird von den eigenen Seelenschatten am Weiterschreiten gehindert, und nur wenn man bereit ist, sich selbst im wahren Licht zu sehen, wird man durchgelassen. Jeder Mensch ist auch Träger eines Wesens, das im Schatten steht, das die Folgen unüberlegter, egoistischer, verletzender und gewalttätiger Handlungen auf sich vereinigt. Das Vor-sich-selbst-Stehen muss man sich nun aber nicht so vorstellen, dass man von den Hilfen der geistigen Welt abgeschnitten wäre, das Gegenteil ist der Fall. Man wird Wesenheiten bemerken, die bereit sind, die Fragen, die man bezüglich der eigenen Schattenwesen hat, zu beantworten, und die auch Hilfestellungen geben, was die Verwandlungsarbeit an sich selbst betrifft.

Man muss jedoch die Bereitschaft in sich wecken, die eigenen blinden Flecken anzusehen, sie zu ertragen und zu bejahen, denn sie sind Teil der eigenen Individualität und ihrer Entwicklung. Sie zu verleugnen, bedeutet, sich zu verleugnen, sie anzunehmen aber, bereit zu sein, in sich die Kräfte der Verwandlung aufzurufen. Die eigenen Seelenschatten sind eigentlich Lehrmeister, strenge zudem, denn sie lassen sich nicht betrügen. Gerade die Schatten, die Schmerzpunkte, die die eigenen Schwächen zeigen, machen einen auf den aufmerksam, der man eigentlich ist, zeigen einem also die eigene starke und lebendige Individualität. Denn der Mensch versammelt durch die Leben, die er führt, auch Schuld auf sich. Seine Ganzheit umfasst alle

Farben, alle Möglichkeiten des Lebens und Handelns. Sich dem eigenen Wesen zu stellen, heißt auch, den Blick nicht vor dem Abgrund niederzuschlagen, den die eigene Seele birgt. Da man sich diesem Anblick nur selten aus freien Stücken stellt, wird man durch das Schicksal dazu veranlasst. Das Schicksal spielt dann die Rolle, die man selbst zu spielen versäumt hat. Erst wenn man das begreift, wenn man die Stellvertreterfunktion erkennt, die das Schicksal übernimmt, wird man der großen Chancen gewahr, die es unserer Entwicklung bietet.

## Versöhnung mit dem Körper

Die Verwandlungsarbeit an den eigenen Schatten ist eine Versöhnungsarbeit, die jedem Menschen bevorsteht, der seine Individualität verwirklichen möchte. Sich mit sich selbst zu versöhnen, ist eine Arbeit, der man gerne ausweicht, weil sie zu dem Schwersten gehört, dem man sich unterziehen kann. Bei dieser Arbeit geht es ganz wesentlich auch darum, sich mit dem eigenen Körper zu versöhnen, weil ihm alles, was wir je erlebt haben, eingeprägt ist, das betrifft auch, und das ist das Erstaunliche, die Erlebnisse aus früheren Leben. Die Zellen des Körpers haben ein Gedächtnis, das sich nicht nur auf das Leben bezieht, das man gerade führt, sondern auf die gesamte eigene Erdengeschichte, es geht also zurück bis zu dem Zeitpunkt, als man das erste Mal auf der Erde inkarniert war. Besäße der Körper dieses Gedächtnis nicht, wäre es den geistigen Wesen, die für das Schicksal des Menschen verantwortlich sind, nicht möglich, wirksam zu werden, denn ihnen fehlte im Irdischen das, worauf sie ihre Arbeit doch beziehen müssen. Um jeweils mit einem individuellen Menschen in Verbindung zu treten, müssen die Wesenheiten, die über das Schicksal der Menschen wachen, im Irdischen, im Substanziellen einen Fokus haben, auf den sie sich richten können. Für die wirkenden Schicksalsmächte ist das Zellgedächtnis des menschlichen Körpers der Fokus ihrer Arbeit. Nur weil die Erinnerungen an alle zurückliegenden Leben dem Körper, den die Individualität eines Menschen bewohnt, eingeschrieben sind, kann sich das Schicksal auf der Erde verwirklichen. Der Körper ist Gewähr dafür, dass der Mensch in seinem Erdenleben den Anschluss an die geistige Welt nicht verliert. Gleichzeitig ist er der Keim, der den Engeln erlaubt, ihre Wirkung im Konkret-Materiellen zu entfalten.

Menschen, die sehr sensibel sind, erleben manchmal schon, wenn sie intensiv berührt werden, zum Beispiel während einer

Therapie oder auch im Liebesspiel, innere Bilder, die offensichtlich aus früheren Leben stammen. Es öffnen sich für sie Blicke in das Dasein, das sie vor der letzten Geburt geführt haben. Dadurch lebt in ihnen eine Ahnung auf von der umfassenden Individualität, die das jetzige Erdenleben keimhaft enthält. Daran können sehr berührende, aber auch beengende Einsichten anschließen, und man lernt erst mit der Zeit, richtig mit ihnen umzugehen. Ebenso kann es geschehen, dass man sieht, wie die Beziehungen, die man zu bestimmten Menschen hat, Fortsetzungen früherer Begegnungen sind. Das Leben, das man gerade führt, hat Ursachen, die in früheren Leben liegen; das menschliche Beziehungsgeflecht lässt sich nicht nur aus sich selbst, aus der gegenwärtigen Situation heraus erklären, es hat eine Geschichte, eine Vergangenheit, aber auch eine Zukunft. Taten vergangener Leben haben einen ganz bestimmten Einfluss auf das jetzige Leben, ja es basiert recht eigentlich auf diesen Taten.

In allem, was man tut, klingt immer die eigene große Erdenbiografie nach, die über das eine Leben hinausweist; sich anzunehmen ist deshalb ein Akt, der nicht nur bis zur letzten Geburt reicht, sondern weit darüber hinaus, und der mit den Wirkungen vergangener Leben zu tun hat, die sich durch das Körpergedächtnis im jetzigen Leben eingenistet haben. Bei der Verwandlungsarbeit an der eigenen Persönlichkeit geht es immer auch um die Aufmerksamkeit für die große Erdenbiografie.

Man kann den Eindruck gewinnen, dass heutzutage viele Menschen die Nähe und Bedeutung der eigenen großen Biografie intensiv spüren. Die eigene Geschichte, durch die man mit der Entwicklung der Erde und der Menschheit verbunden ist, drängt immer stärker danach, verwandelt zu werden. Zu beobachten ist, dass sich in vielen Fällen die alten, unerlösten Anteile der Persönlichkeit machtvoll in den Vordergrund schieben, was komplizierte Schicksale zur Folge hat. Daher ist es besonders wichtig, dass die Verwandlungsarbeit der Seele mit einer sorgfältigen Behandlung des Körpers und seines Zellgedächtnisses einhergeht. Der Körper hat ein Recht darauf, an der Verwandlungsarbeit, die der Mensch für sich leistet, beteiligt zu werden. Der Körper und seine Bedürfnisse spielen gerade bei der Verwandlungsarbeit einer Seele, die in einer komplizierten karmischen Situation steckt, eine sehr wichtige Rolle. Körpertherapien kommt deshalb gerade heute eine große Bedeutung zu, sie können einen unschätzbaren Beitrag dazu leisten, dass der Mensch seine persönliche Verwandlungsarbeit durchführen kann.

Anschließend an das, was über die Versöhnung mit dem eigenen Körper und dem Körpergedächtnis gesagt wurde, soll nun einiges über die Sexualität und ihre heilende Wirkung zur Sprache kommen. Niemand wird abstreiten, dass in der Zärtlichkeit, die zwei Menschen austauschen, eine heilende Kraft liegt. Berührungen beruhigen, gleichen Energien aus, schaffen Entspannung, Seligkeit, Stille, ein großes Glücksempfinden; die Seele fühlt sich an die erste Zeit ihres Daseins auf der Erde erinnert, sie fühlt sich ein in den Frieden, den sie erlebte, als sie noch in einem kindlichen Körper lebte. Tatsächlich werden mit Berührungen Erinnerungen geweckt, die eine nicht unerhebliche Wirkung haben, und zwar Erinnerungen an den Urzustand der Seele, an ihr Dasein vor der Geburt, als sie sich unter den Wesen der geistigen Welt befand. Die Seele fühlte sich eins mit der geistigen Hülle der Erde, sie lebte ohne Trennung, ohne Isolation, ohne Entzweiung. Sie war ganz. Erinnerungen an dieses Ganzheitsgefühl werden durch zärtliche, liebevolle Berührungen eines Menschen aufgerufen, der es gut mit einem meint, der einen in dem Bewusstsein berührt, dass seine Berührungen heilende Kräfte anregen. Zärtlichkeit befreit von der Einsamkeit, von der Neigung zur inneren Isolation, die die moderne Seele nur zu genau kennt. Eine zärtliche, auch erotische Berührung löst in der Seele etwas aus, das sie mit sich selbst versöhnen kann, es kann sie über sich hinausführen, aus der Enge des eigenen Wesens zu einer wirklich überpersönlichen und damit erlösenden Erfahrung.

Sexualität hat viele Spielarten; es geht darum, sie in einem gewissen Maß kennenzulernen, damit man auf dem Feld des Sexuellen über die nötigen Erfahrungen verfügt. Ein wichtiger Schritt besteht darin, die eigene Art des Umgangs mit Sexualität zu finden. Zu einer Sexualität, die ihre heilenden Kräfte entfalten soll, gehören Zärtlichkeit und gegenseitiger Respekt unbedingt dazu. Sexualität und Erotik werden erst dann die volle, ihnen eigene Kraft der Verwandlung entfalten können, wenn sie auf gegenseitigem Vertrauen gründen, wenn beiderseitig der Wunsch lebt, das Wesen des anderen immer tiefer kennenzulernen. Wenn der liebevolle Respekt für das Wesen da ist, das sich im anderen verkörpert und zum Ausdruck kommen möchte, wird auch die Sexualität der Gefahr entgehen, ein Mittel der Machtausübung zu sein. Man liebt im anderen Menschen immer auch all die Wege, die er schon über die Erde gegangen ist, alle Handlungen, die er begangen, und alles, was ihn beschäftigt hat. Das Ganze, das jeder Mensch ist, lebt ja in ihm, wenn auch vielleicht nur unscheinbar und verborgen, doch es ist da und macht sein Geheimnis aus. Vielleicht liebt man am anderen Menschen gerade sein Geheimnis, das, was an ihm unergründbar scheint.

Wenn wir von unserer Mutter liebevoll berührt wurden, ging ihre Hingabe und Liebe unmittelbar in uns über, wir erlebten Liebe zuerst körperlich, und aus diesen tiefen Erlebnissen speist sich das Vertrauen, die Sicherheit und die Wertschätzung für unsere eigene Individualität. Berührung hat deshalb im weitesten und heiligen Sinne mit der Entwicklung der Persönlichkeit zu tun. Es ist ein Irrtum, wenn man meint, man könne auf diesen Strom im späteren Leben verzichten. Durch die Sexualität haben die Liebenden die Möglichkeit, an der Entwicklung des geliebten Menschen mitzuwirken. Durch Liebe und Sexualität kann eine Verwandlung in Gang kommen, durch die zurückliegende Traumata in einem gewissen Maß aufgelöst werden; allerdings setzt dies voraus, dass es dem Paar gelingt, sein sexuelles Leben zu bejahen und zu genießen. Eine freie Sexualität kann einem helfen, sich von dem Bann zu befreien, der durch die Erziehung gesetzt wurde und die Seele niederdrückt. Durch die tiefen, von Liebe getragenen körperlichen Erlebnisse mit einem anderen Menschen kann ein Vertrauen, ein Geborgensein entstehen, das von dem Wunsch nach Machtausübung, von Geltungsdrang, von der Negativität der Gedanken befreit. Eine Sexualität, in der Leidenschaft, Liebe und Respekt verbunden sind, stärkt die Individualität. Liebe und Sexualität kommen deshalb eine heilsame Wirkung zu. Man begegnet dabei dem ganzen, dem großen Menschen, und selbst wenn ich diesen nicht erkenne, ahnt ihn wenigstens mein Körper durch jede Berührung. Das ist die Grundlage des heilenden Stromes der Sexualität: die tiefe Berührung der Individualitäten durch die Sphäre des Körperlichen hindurch.

Indem ich den geliebten Menschen berühre, berühre ich eigentlich die Erde. Jeder Menschenkörper ist immer auch ein lebendiges, durchseeltes, durchgeistigtes Bild der Erde; durch alle Schichten und Zustände des geliebten Menschen hindurch bin ich mit ihr, der Erde, unmittelbar verbunden. Durch ihn liebe ich sie. Die Wesen der elementaren Welt, für die die tiefe Liebe zweier Menschen ein großes Ereignis darstellt, können von diesem Zusammenhang zwischen der Liebe und der Erde ausdauernd reden, ja sie kommen darüber in ein Schwärmen, das man in dieser Form nur selten an ihnen erlebt. Die Liebe, die Sexualität hat für sie eine unmittelbare, heilende Wirkung auf die Erde. Sie sagen:

> Durch den Körper des geliebten und liebkosten Menschen erzittert die Erde in ihrem nur scheinbar festen Bau. Die Erde als ein geistiges Wesen ist bei allen Liebestaten anwesend, auch bei den leidenschaftlichen. Wirkliche Liebe ist immer ein großes Ereignis in unserer Welt.

## Mitschreiben am Buch der Natur

Die geistige Wirklichkeit ist nicht so, wie man sie erwartet. Der Geist überrascht und lässt sich nicht dadurch erfassen, dass man sich auf die Vorstellungen beruft, über die man schon verfügt. Durch geistige Erfahrungen und Wahrnehmungen können einem die gewöhnlichen Vorstellungen und Prämissen fragwürdig werden. Schlägt man einen geistigen Weg ein, so wird man immer wieder veranlasst, den bekannten Boden zu verlassen und darauf zu vertrauen, dass einem die geistige Welt den Weg, den man gehen muss, weist. Man kommt aber immer wieder an einen Punkt, an dem man sich dazu aufgefordert fühlt, Schritte ins Ungewisse zu tun. Anders geht es nicht, wenn man die geistige Welt und ihre Wesenheiten kennenlernen möchte; sie beharren immer wieder darauf, dass man aus dem Vertrauen in die eigene Führung heraus seine Wege findet. Höhere Wesenheiten der elementaren Welt sagen:

> Vertraue, gib dich vertrauensvoll hin dem Leben, das wie eine Blume vor dir aufblüht, das du anders gar nicht gewinnen kannst als dadurch, dass du eingedenk des lebendigen Urvertrauens dich immer wieder des Seelengrundes versicherst, der fest, der beständig ist und dich unbedingt trägt, immer weiter und weiter, in einem Gleichmaß, mit einer Kraft und Bestimmtheit, wie es die Gestirne des Himmels tun. Es ist dieses Urvertrauen in dir, es ist der Urgrund deiner Seele, ohne diesen wärest du nicht in der Lage, auch nur einen einzigen aufrechten Schritt über die Erde zu tun, denn du bist von dieser Kraft getragen durch deinen ganzen Körper hindurch. Was deine Seele als das Urvertrauen erlebt, ist auf der körperlichen Ebene da als die Kraft der Aufrichte. Gib dich dem Leben hin, wie es die Blumen auf dem Feld tun oder die Schmetterlinge in der Luft, wie das

> Wasser den Fluss hinabfließt oder die Blätter zur Erde herabfallen; überall schaust du Bilder der Hingabe an die heiligen Gesetze des Lebens, die auch durch dich, durch deine Lebenswege hindurch wirken, aber bewusst von dir ergriffen und genutzt werden wollen. Durch deine Persönlichkeit leuchtet ein eigenes, unverwechselbares und unersetzliches Leben. Du bist ein Teil der Schöpfung, der Entwicklung, des Weiterwachsens der Erde und der Menschheit, das heißt, was du geben kannst, ist so einmalig, dass es von niemand anderem als dir hervorgebracht werden kann.

Die Erde lässt den, der aufmerksam ist, nicht ohne Zeichen. Zeichen sind genügend da, doch zum Teil sind es sehr feine, unauffällige Zeichen, Zeichlein. Sie umgeben den Menschen beständig und sprechen zu ihm beinahe in jedem Augenblick seines Daseins. Sie sind wirksam in allen Dingen und Wesen, die er um sich finden kann. Er bemerkt sie, wenn er sich den Phänomenen des Lebens, den Lebenstatsachen aufmerksam hingibt. Jede Beobachtung ist der Beginn einer Lesearbeit. Lesbare Zeichen sind in allem und jedem, was den Menschen umgibt und was er durch seine äußeren und inneren Sinne wahrnehmen kann.

Es liegt dieser Lesearbeit ein Entschluss zugrunde, der wie jeder Entschluss nicht ohne Mut vollzogen werden kann. Es ist der Entschluss, anzunehmen, dass die Lebenswirklichkeit eine Schrift ist und diese, da jede Schrift einen Schreiber voraussetzt, nur vorhanden sein kann, weil ein Schöpfer an ihr geschrieben hat. Die Wirklichkeit ist Aufzeichnung. Jedes Ding und Wesen ist ein Teil dieser Schrift; indem man in ihr zu lesen beginnt, vertieft man sich fortschreitend in das Wesen der großen Schreibenden. Das aber ist die geistige Welt. Wenn sie tätig ist, entsteht Wirklichkeit, die für den Menschen vorliegt als die Schrift des Lebens, in der er lesen kann dank seiner Seelenkräfte. Es sind eigentlich Gedanken, die er sieht, wenn er in der Schrift liest, die ihn als die Wirklichkeit des Lebens umgibt. Er liest, aber er schreibt auch selbst. Er schreibt, indem er lebt, indem er seinem Schicksal hingegeben ist, an der Schrift der Erde weiter. Sie ist nicht fertig ohne den Menschen, der durch sein Schicksal die Möglichkeit hat, an der großen Schrift weiterzuschreiben. Das Buch der Natur ist noch nicht fertig, weil der Mensch selbst Schöpfer seines Lebens ist; er hält durch sich selbst eine Feder in der Hand. Sind nicht unsere Schicksalswege, die wir als Einzelne über die Erde gehen, eine Schrift? Ist nicht die Gesamtheit der menschlichen Wege über die Erde, sind nicht die vielen, vielen Gänge, durch die wir uns mit der Erde verbinden, uns in sie einschreiben, eine Schrift, mit der wir uns in das Buch der Erde eintragen, und zwar jeder auf seine Art, mit seinem Wesen? Insofern sind wir und ist jeder Einzelne Mitschreibender an dem Buch der Erde. Er ist es schon deshalb, weil er geht. Er ist es aber auch mit jeder Handlung, mit jedem Gedanken, mit jeder Regung seiner Seele, mit jeder Verwandlung, die er vollzieht.

Es ist der Wunsch der Wesen der elementaren Welt, dass sich der Mensch dieser Schreibarbeit immer bewusster wird, denn von ihr hängt die Existenz und die Weiterentwicklung der Erde ab. Die Buchstaben, mit denen jeder Mensch sich in das Buch der Erde einträgt, entscheiden über ihren weiteren Weg. Es liegt in den Händen der schreibenden Menschen, an den Zeichen, die sie setzen, was mit der Erde geschieht.

# VI Quellen der Verwandlung

## Erdenmutter

Wer Erfahrungen mit den Wesen der elementaren Welt gesammelt hat und von Zeit zu Zeit die nur still gehauchten und mit dem Verstand manchmal schwer zu deutenden Botschaften der Bäume, der Wasserläufe, der Pflanzen und all ihrer Geschwisterwesen erlauscht, wird irgendwann wie von selbst auf eine Wesenheit verwiesen, die von den Naturwesen durchweg ihre Mutter, ihre Urmutter genannt wird. Sie sind ihr in großer Ergebenheit zugetan. Die Erdenmutter, die Göttin der Erde, umspannt und durchdringt mit ihrer Wesenheit die gesamte Erde, und jeder Entwicklungsschritt, alle Wesen werden von ihr behütet, ja gehen eigentlich durch sie hindurch. Jeder Keim, jede Zelle, jede Pflanze, jedes Organ, jeder Ort ist lebendurchdrungen und zeugt unmittelbar von der Präsenz der weiblichen Göttin, ihrem Formwillen, ihrer Fruchtbarkeit, ihrem lebenschaffenden Geist. Jede Geburt, jede Erneuerung, jedes Wachsen und Reifen kann nur geschehen, weil sie hütend anwesend ist. Alle Verwandlung auf der Erde zeugt von ihr, durch sie ist der gesamte Kosmos auf der Erde präsent. Wenn ein Samen keimt, eine Blüte sich öffnet oder ein Tier gebiert, wenn sich eine Seele aus dem Körper löst, ein Kind gezeugt oder geboren wird oder eine Idee erscheint, immer ist die Kraft des gesamten Kosmos anwesend. Die Wesenheit der Erdenmutter ist es auch, die die menschlichen Seelen auf ihrem Weg zur Geburt auf der Erde bei sich aufnimmt und die verstorbenen Seelen auf ihrem Weg der Wandlung zurück in die geistige Welt wieder entlässt. Durch sie werden die verschiedenen Planetenqualitäten und die der anderen Sterne auf die Erde gespiegelt. Sie ist deshalb nicht nur die Erdenmutter, sondern kann mit demselben Recht auch die Sternenmutter genannt werden.

Immer wenn man sich mit der Erde und ihren Wesen intensiv verbindet, tritt man dem Wesen der Erdenmutter näher. Das

Sinnliche, an dem sich unsere Wahrnehmungen entzünden, ist nichts anderes als das äußere, verfestigte Kleid der Erdenmutter. Die Wesen der elementaren Welt sind die Bewohner dieses Kleides, ihre Aufgabe ist es, an diesem Kleid zu weben und zu arbeiten, damit die sinnliche Welt in Erscheinung treten kann, was wiederum die Voraussetzung ist für das Leben der Menschen auf der Erde. Sie fühlen sich deshalb durch ihren unsichtbaren lebendigen Leib mit der Erdenmutter tief verbunden. Sich Tatsachen der sinnlichen Welt widmen, heißt eigentlich, den Bereich der geistigen Welt zu ertasten, die von den Wesen der elementaren Welt bewohnt und gebildet wird, welche wiederum im Auftrag der Erdenmutter stehen.

Die Erdenmutter hütet und vermittelt das übergeordnete Prinzip des Lebens und der Verwandlung. Das betrifft die Erde als ein Ganzes, aber auch den einzelnen Menschen. Das mag überraschen, da sich der Mensch diese Kräfte eigentlich selbst zuschreibt. Er meint, selbst Herr seiner Wandlungsschritte zu sein. Das ist er auch, aber die Kräfte, die er dazu benutzt, sind nicht seine eigenen, sondern er nimmt sie durch die Erde entgegen. Die Göttin der Erde ist ihm diesbezüglich eine Lehrerin. Die Verwandlungskräfte, über die der Mensch in Bezug auf sich selbst verfügt, sind Kräfte, die ihm durch die Erde zur Verfügung gestellt werden. Es sind Kräfte der Mutter Erde. Gerade die hingebungsvolle Betrachtung der Natur ist ein Weg, Zugang zu den Seelenverwandlungskräften zu gewinnen, die die Erde für den Menschen hütet und ohne die die menschliche Individualität keinen Bestand hätte, weil ihr die Entwicklung versagt bliebe.

Verwandlung hat immer mit Erlösung zu tun. Dem Menschen zeigt die Selbstschau, dass sein eigenes Wesen zu einem gewissen Teil von Dunkelheiten beschattet wird. Seine Entwicklung vollzieht sich nicht neben diesen seelischen Schatten, sondern durch sie hindurch. Sie geben quasi die Richtung vor, und es bedeutet eine große Ernüchterung, ja einen besonderen Schreck, wenn man auf das Schattenwesen sieht, das man immer auch ist. Es ist schon geschildert worden, dass der Augenblick unweigerlich kommt, da man auf seine Schatten schaut und in ihnen wesenhafte Anteile der eigenen Seele erkennt. Eigentlich ist dieses Bild des eigenen Schattenwesens immer da, es steht ununterbrochen vor der eigenen Seele, nur fehlt oft der Mut, es zu ertragen. Um es anschauen zu können, ist die Seelenkraft der Wahrhaftigkeit notwendig. Sie ermöglicht dem Menschen, unvoreingenommen vor sich selbst zu stehen und sich in einer gewissen Nüchternheit selbst zu betrachten.

Die weibliche Erdennatur nimmt die Schatten auf sich, die der Mensch scheut, anzuschauen und zu verwandeln; sie lagern sich in ihr ab. Davon berichten die Wesen der elementaren Welt immer wieder. Was der Mensch nicht bearbeitet, legt sich als Schwere, als Dunkelheit zwischen sie. Die Göttin der Erde hütet auch das Unbewältigte, Unerlöste der Menschen, bis diese in der Lage sein werden, es in sich zu integrieren.

Die Begegnung mit dem eigenen Schattenbild steht unter dem Schutz der Wesenheit des Christus. Wo Schatten sind, da ist auch der Christus, denn deren Verwandlung gehört zu seinen heiligen Aufgaben. Er ist es, der der Seele den Weg ebnet, um die eigenen Schatten zu schauen, und der ihr auch die Kraft gibt, diesen zum Teil furchtbaren Anblick zu ertragen. Sich der schützenden Aufgaben des Christus zu vergewissern, ist eine wichtige Unterstützung bei der persönlichen Verwandlungsarbeit.

Wenn man sich entschließt, sein Leben wirklich *mit* der Erde zu führen, sich also auf ihre Bedürfnisse und Rhythmen einzulassen, wird man die Erfahrung machen, dass man immer wieder zu sich selbst geführt wird. Man lernt, dass man sich in dem, was äußerlich geschieht, immer auch selbst begegnet. Man schaut im Äußeren sein eigenes Schicksal. Tatsächlich sind die Elementarwesen Meister darin, solche Selbstbegegnungen herbeizuführen; es gehört zu ihren hohen Aufgaben. Damit stehen sie in der Pflicht der hohen Göttin der Erde, durch die der Mensch dazu angehalten wird, die Verantwortung für sich selbst und seine Entwicklung wirklich und immer entschiedener anzunehmen. Das ist der Weg zur zweiten Geburt des Menschen, der Verwandlungsweg der Seele.

Das folgende Mantram fasst auf seine Art das gerade Dargestellte zusammen:

Nähre die Stille deines Herzens
Wachse durch dich selbst
Belebe deine Trauer
Wandle dein Gestorbenes
Ergreife dein Gefallenes

## Umgang mit Ideen

Der Wunsch, sich zu verwandeln, trifft immer auch auf Widerstände, er bewährt und entscheidet sich an ihnen. Solche Widerstände können auf ganz verschiedenen Gebieten auftauchen. Wir wollen in den folgenden Kapiteln einige genauer betrachten.

Ideen sind nicht nur ein Segen, sie können ebenso eine große Gefahr für die Entwicklung des Menschen darstellen. Sie haben die Neigung, den Geist des Menschen einzuschläfern. Das Trügerische ist, dass der Mensch meint, indem er bestimmten Ideen folgt, handele er selbständig, obwohl er sich ihnen längst untergeordnet und ihnen seine Freiheit geopfert hat. Damit verwandeln sich die Ideen aber in eine Lüge. Jede Idee wird zu einer Lüge, wenn der, der sie vertritt, sich ihr unterordnet. Nicht der Mensch bestimmt mehr, sondern eine Vorstellung, ein Gedankenfeld, das nicht von ihm stammt und das er nur reproduziert. Damit opfert er der Idee aber gerade sein Heiligstes: sein schöpferisches Potenzial. Jeder Idee gegenüber, sie mag noch so wahr und überzeugend sein, muss er sich seine Autonomie bewahren. Gerade heute, wo die Ideen eine sehr beherrschende, geradezu magische Wirkung auf die Menschheit ausüben, ist es entscheidend, dass der Einzelne den Ideen gegenüber schöpferisch bleibt. Es ist unerlässlich, dass er die Ideen, die für ihn bestimmend sein sollen, immer wieder neu hervorbringt und prüft. Wird das vernachlässigt, verwandelt sich jede Wahrheit unbemerkt in eine Lüge. Man kann tatsächlich davon ausgehen, dass Ideen die Neigung haben, den Menschen zu vereinnahmen und ihm seine Autonomie zu rauben; sie sind für ihn deshalb sehr unangenehme Gegner, weil sich ihre Macht oft nur schleichend bemerkbar macht. Sie haben den Vorteil der Täuschung auf ihrer Seite, denn es geht ein geheimnisvoller Wunsch nach Identifikation von ihnen aus, mit dem sie den Einzelnen allzu schnell einfangen und überzeugen. Selbst die hehrsten und tugendhaftesten Ideen sind nicht davor gefeit, ein Gift zu entwickeln, das den Einzelnen so betört, dass er eins mit ihnen wird und seine Kritikfähigkeit, seinen gesunden Eigensinn fahrenlässt. Er wird zum Anhänger einer Idee, sein Denken erstarrt, wird einseitig und intolerant.

Es ist eine gute Haltung, für die eigenen Ideen nicht mehr als eine stille Sympathie zu empfinden. Sie werden dann Hypothesen bleiben, also bloße Möglichkeiten, die eigenen Gedanken zu ordnen und zu fokussieren. So können sie keine Macht über den Einzelnen bekommen, er bleibt frei, kann mit ihnen unbelastet umgehen und sich wieder von ihnen trennen, ohne vor sich selbst das Gesicht zu verlieren. Das heißt auch, dass er nicht um jeden Preis an ihnen festhalten muss, sondern in seinem Ideenkosmos beweglich bleibt.

Ideen können für den Menschen nur dann von wirklichem Nutzen sein, wenn er sie auch in ein aktives Verhältnis zu seinen konkreten Erfahrungen setzt. Ideen bekommen Leben durch die Erfahrungen, die man gesammelt hat; Erfahrungen geben ihnen, was sie von sich aus gar nicht haben können. Ideen werden erst dann real, wenn ich sie nicht nur denke, sondern auch erlebe, das heißt aber, dass ich sie mit dem verbinde, was ich bisher erlebt habe. Dadurch erwecke ich sie zum Leben, und sie verlieren ihre Kühle, ihre Macht, ihre Absolutheit. Ideen erscheinen vielfach deshalb so überzeugend und folgerichtig und entfalten ihre unerbittliche Macht, weil man vergisst, sie wirklich zu erleben und in ein Verhältnis zu sich selbst zu setzen. Nur wenn man sie mit Leben erfüllt, kommt man nicht in die Verlegenheit, sich ihnen unterzuordnen und die eigene Autonomie an sie abzutreten. Sie verlieren dann ihre bindende Macht.

Indem ich die Erfahrung mache, dass ich Ideen hervorbringen kann, gewinne ich Zugang zu meinen eigenen schöpferischen Kräften. Ich bin nicht auf fremde Quellen angewiesen, denn ich habe meine eigene, ich bin selbst ein Ideenschöpfer. Dadurch mache ich einen wichtigen Schritt in die eigene Unabhängigkeit und werde für den, der ich selber bin, immer wacher.

Jeder Augenblick ist unwiederbringlich. Ein einzigartiges Leben ist in ihm, jedes Jetzt hat seine besondere, unwiederholbare Qualität. Nur ist es allzu leicht, diese Qualität zu übersehen. Oft ist man blind für die Einzigartigkeit einer Stunde, eines Tages oder Jahres. Doch man kann versuchen, das Einzigartige zu leben, das in jedem Zeitabschnitt, jedem Augenblick liegt. Sobald man sich Vorstellungen macht über das Kommende, verlässt man den Strom der sich offenbarenden Zeit. Sobald man zu wissen meint, was sich ereignen wird, beraubt man den Zeitenstrom der Möglichkeit, das Einzigartige, das er enthält, zu offenbaren. Das soll nun natürlich nicht heißen, dass man gänzlich auf die Fähigkeit verzichten soll, das Kommende vorauszusehen, also zu planen; man würde sonst lebensunfähig werden, denn das Leben braucht Voraussicht und Planung. Wenn man plant, weil es notwendig ist, erfüllt man die Anforderungen, die durch das äußere Leben gestellt werden. Nur kann man sicher sein, dass man so das Einzigartige eines Augenblicks nur schwer erleben wird.

Man gebe sich einmal dem Gedanken hin, dass jeder Augenblick, jeder Zeitabschnitt seine ganz eigene Botschaft hat. Man mache sich mit der Vorstellung vertraut, dass Zeit spricht! Tage haben einen Klang, sie sprechen. Jeder Tag hinterlässt in der Seele ein ganz bestimmtes, unverwechselbares Bild. Rückblickend ist jeder gelebte Tag ein Samen, ein Keim in der Seele des Menschen, aber auch jede Stunde und jedes Jahr ist es, denn sie können erst später den Sinn entfalten, der in ihnen liegt. Man mag im Augenblick den Sinn spüren, kennen wird man ihn aber erst im Rückblick.

Die Seele wird von den Erlebnissen ihrer gelebten Zeit erfüllt. Sie bleiben in ihr und bilden sie, verändern und verwandeln sie. Die gelebte Zeit ist ein Teil des inneren Wesens der

Seele. Äußeres wandelt sich so in Inneres. Indem man diesem sich ununterbrochen ereignenden Verwandlungsgeschehen nachlauscht, kann man einen Eindruck erhalten von einem Geschehen, durch das vom Menschen seelische Substanz gebildet wird. Indem der Mensch lebt und sich das ihm äußerliche Leben seinem Seelenwesen einschreibt, ist er das Medium einer Wandlung, die sich im Geistigen vollzieht. Das ist aber ein Neuschöpfungsprozess. Der Erde wird durch die seelische Substanz, die jeder Mensch ununterbrochen bildet, etwas Wesentliches zugefügt, der Mensch bestimmt dadurch ihren Zustand mit. Durch die Art seines Erlebens wirkt er an dem geistigen Dasein der Erde mit, er und die Erde wandeln sich, sie wachsen.

Die schöpferische Kraft eines Menschen ist Ausdruck seines göttlichen Vermögens. Wahrhaft schöpferische Taten offenbaren das geistige Potenzial eines Menschen. Jeder Mensch hat ein tiefes Bedürfnis nach solchen Taten; seine Seele hungert danach, das eigene schöpferische Potenzial zu entdecken und zu benutzen. Tätigkeiten, durch die dieses Potenzial eines Menschen sich offenbaren kann, sind eine Quelle tiefer Zufriedenheit.

Regeln, Gesetze, Empfehlungen und Gewohnheiten haben die Tendenz, den Menschen seines ureigenen kreativen Vermögens zu berauben. Sie geben ihm Anweisungen für sein Handeln, die ihn davon entlasten, selbständig zu entscheiden. Es gibt Situationen, für die das unentbehrlich ist. Aber es gibt auch solche, die ein Handeln erfordern, das nicht auf bereits Bewährtes zurückgreift, sondern aus dem Augenblick selbst geschöpft wird. In so einem Fall ist das Handeln mit einem intuitiven Element verbunden. Nicht von einem Äußerlichen ist das Handeln dann dirigiert, sondern der Mensch handelt eigenständig und originär. Er stützt sich nicht auf ein ihm Fremdes, sondern nur auf sich selbst. Jede Handlung wird dadurch zu einer nicht zu wiederholenden Tat. Sie ist einmalig. Ein anderer Mensch hätte ganz anders entschieden. Vielleicht stellt sich später auch heraus, dass die Tat Fehler in sich trug und dass man etwas übersehen hat; das ist aber nicht relevant, denn ein späteres Hinschauen bedeutet eine entscheidende Änderung der Ausgangslage, was selbstverständlich Einfluss hat auf die Beurteilung der Tat.

Indem der Einzelne sich aufmacht, intuitiv, also wahrhaft schöpferisch zu handeln, wird er die Erfahrung tiefer Einsamkeit nicht umgehen können. Einsamkeit, der Zustand, nur auf sich selbst gestellt zu sein, ist geradezu die Quelle intuitiven, also selbstverantworteten Handelns. Nur wer die Einsamkeit kennengelernt hat, sie aushält und lieben lernt, kann selbstbestimmt handeln, denn er wird dadurch unabhängig von dem, was jede Tätigkeit aus Intuition nur verhindern würde. Außerdem erschließt er sich so den inneren seelischen Freiraum, der wahrhafte Intuitionen erst zulässt. Jeder Mensch ist ein ganz eigenes Reich, ein Kosmos, dem die Gabe verliehen ist, sein eigenes Potenzial zu erwecken, also letztendlich aus sich selbst zu schöpfen und zu handeln. Wer diese Gabe zu nutzen sucht, wird bemerken, dass es ein langer Weg sein kann, vielleicht sind es anfänglich nur beinahe unbemerkte Gelegenheiten, bei denen es gelingt; sie sind aber deshalb umso wichtiger, denn Neues kommt immer still und unscheinbar.

Man wird mit der Zeit immer deutlicher spüren, dass man sich von Erwartungen, die von außen kommen, unabhängig machen muss, um zu freien Handlungen zu gelangen. Aus diesem Grund neigen Gemeinschaften dazu, die Entfaltung des geistigen Potenzials der Einzelnen zu behindern. Das freie Individuum kann für Gemeinschaften eine Gefahr darstellen, denn durch es wird offensichtlich, dass die Freiheit, die sie gewähren, nur eine scheinbare ist. Von der Gemeinschaft, zu der ich auch Partnerschaft und Familie zähle, gehen deshalb häufig sehr starke Kräfte aus, die die Individualität einengen und beschränken. Wenn der Einzelne nicht bis zu einem bestimmten Maß gelernt hat, die Widerstände und Angriffe zu ertragen, die sein Verhalten auslöst, wird er in die Fallen, die die Gemeinschaft für ihn bereithält, hineintappen und sein individuelles schöpferisches Potenzial verloren geben. Es ist hilfreich, eine Wahrnehmung dafür zu entwickeln, wann eine Gemeinschaft das eigene Potenzial fördert und wann sie es einschränkt. Man weiß dann, woran man ist, und kann sich ein genaueres Urteil über die eigene Stellung in der Gemeinschaft und die eigene Aufgabe innerhalb des Ganzen bilden.

Eine Voraussetzung, um Intuitionen für sein Handeln zu empfangen, ist, sich von bestimmten Gewohnheiten zu lösen. Eine tief verwurzelte und gleichzeitig hinderliche Gewohnheit ist der Wunsch, davon befreit zu sein, eigene Entscheidungen zu treffen. Doch unfreie Entscheidungen zwingen dem Menschen einen Lebensweg auf, der nicht mit dem Bestreben der geistigen Individualität eines Menschen übereinstimmen kann. Es ist wichtig, diesen Wunsch nach Unterordnung zu erkennen, er ist häufig sehr stark, weshalb man sich nicht einfach von ihm trennen kann. Man kann aber lernen, ihn anzunehmen und das Bedürfnis nach Anpassung zu integrieren. Wenn man es mit Achtsamkeit und Respekt behandelt, kann man sich am ehesten davon lösen.

Handeln aus Intuition hat den Charakter des Loslassens, des Gewährenlassens. Man kann erfahren, dass sich das höhere Wesen in den Taten ausdrückt, dass im eigenen Tatmenschen eine Weisheit lebt, die dem Verstand zuvorkommt. Das Tun selbst offenbart Weisheit, wenn es gelingt, zuzulassen, was in ihm hervortreten möchte. Wenn man einmal erlebt, dass das intuitive Tun ein Fließendes ist, das dem eigenen höheren Wesen entstammt, mit dem man sich treiben lassen kann, findet man auch das Vertrauen, seinen Taten freien Lauf zu lassen, den Willen für sich selbst sprechen zu lassen.

Intuitionen sind geistige Berührungen, die sich ereignen, wenn man den Weg zur Geistesgegenwart geht. Es ist eine bestimmte Haltung dem Leben und sich selbst gegenüber, die den Menschen mit der Zeit befähigt, Intuitionen zuzulassen. Diese Haltung erlangt der Einzelne nur für sich selbst.

## Die innere Stimme

Es gibt eine innere Stimme der Wahrheit, der Wahrhaftigkeit, die kennenlernt, wer sich auf sein Inneres einzulassen beginnt. Die eigene Seele trägt eine Weisheitsnatur in sich, die man auch für das eigene Leben, die eigenen wichtigen Lebensfragen heranziehen kann. Allerdings lässt nur ein umsichtiges Ertasten, ein Hinfühlen, ein sanftes Zulassen diese innere Stimme hörbar werden. Man muss sich da schon durch ein Dickicht von Irrtümern und Fallen schlagen. In ihrer Wahrhaftigkeit kann die Stimme nur erklingen, wenn man auch bereit ist, sie zu hören, denn sie erfüllt nicht einfach die Wünsche, die man hat. Das ist nur in den seltensten Fällen so. Sie ist nämlich streng und widerspricht oft dem, was man aus der eigenen Wunschnatur heraus tun möchte. Manchmal kann man, bevor sie erklingt, die Frage hören: Bist du wirklich bereit für das, was dein Inneres, deine Wahrheitsnatur dir zu sagen hat? Dann muss man sich entscheiden, denn man kann sicher sein, dass das, was man zu hören bekommt, nicht angenehm sein wird. Vielleicht wird man vor eine Prüfung gestellt oder es wird einem geraten, das Gegenteil von dem zu tun, was man eigentlich ins Auge gefasst hat. Diese Stimme ist häufig sehr klar und rein, in vielen Fällen verschließt man sich vor ihr, weil sie so voller Wahrheit ist. Man schreckt vor dieser Wahrheit regelrecht zurück, denn es ist schon Mut nötig, sie zu ertragen. Solange man diesen Mut nicht entwickelt, wird man der inneren Stimme gar nicht das Gewicht zumessen können, das sie verdient.

In der Regel wird man über eine gewisse Zeit dieselbe Frage immer wieder stellen, bis schließlich alle Aspekte und Varianten versammelt sind, die mit ihr zusammenhängen. Es kann sogar zu Antworten kommen, die sich widersprechen, davon lasse man sich aber nicht abschrecken, denn man kann daran ablesen, dass der Prozess noch nicht zu einem Ende gekommen ist.

Die innere Stimme, die dabei hörbar wird, zeichnet sich dadurch aus, dass sie dem, der sie vernimmt, keine Entscheidungen abnimmt. Hören und danach handeln sind zweierlei; sobald man sich durch eine Macht, die ihre Quelle nicht wirklich in der eigenen Persönlichkeit hat, zu einer bestimmten Handlung gedrängt fühlt, sollte man eine genaue Prüfung vornehmen. Man sollte immer im vollen Besitz der eigenen Freiheit bleiben, auch wenn man hingebungsvoll darauf lauscht, welche Antworten auf die Lebensfragen, die man hat, erklingen. Hingabe muss gepaart bleiben mit der Achtung der eigenen Freiheit.

# VII WESEN DER TIERE

## Die Tiermutter

Jede Tierart steht einerseits für sich, ist ein eigenes Wesen, fügt sich aber auch in ein Ganzes und nimmt ihren Platz ein in einem höheren Zusammenhang, in der Gesamttierheit. Diese wird durch eine hohe geistige Wesenheit repräsentiert, die hier Tiermutter genannt werden soll. Die Tiermutter ist eine sehr hochstehende Wesenheit, auf die der Sehende nur scheue Blicke werfen kann, denn sie ist sehr komplex, hat viele verschiedene Aspekte und offenbart sich deshalb nur zaghaft. Sie ist einerseits ein Teil der Weisheit der Erde, der Erdensophia, tritt aber andererseits als eine eigenständige Wesenheit auf. Sie umfasst alle auf der Erde lebenden Tiere. In der Imagination lässt sich sehen, wie jedes Tier in ihr seinen besonderen Platz einnimmt. So kann man das Eichhörnchen an ihr auf und ab toben sehen; die Fische liegen zu ihren Füßen, genaugenommen steht sie auf den Fischen; die Bienen fliegen durch ihren gesamten Körper, als wären sie ununterbrochen am Schwärmen, haben aber auch ihren Ruheort: nämlich im Herzen der Tiermutter, das sie durch die vielen Körperchen bilden, die sich hier zusammenballen. Unter dem Herzen der Tiermutter befinden sich der Löwe und die Kuh (oder Stier), sie stehen als Vertreter ihrer Tiergruppe in Eintracht nebeneinander. Das Bienenherz selbst ist von Wespe und Ameise umgeben, und über dem Herzen ist das Wesen der Hornisse zu beobachten, das einen sehr hohen Aspekt des Herzens hütet, nämlich den, der mit der Wesenheit des Erzengels Michael verbunden ist. Das Bärenwesen liegt um die Gebärmutter, hüllt sie ein, damit dort die Keime des neuen Lebens in Ruhe und Schutz wachsen können. Die Schlange kriecht durch die Gedärme der Tiermutter, richtet sich aber gleichzeitig immer wieder an ihrer Wirbelsäule auf und reicht bis unter ihr Schädeldach. Von dem Gefieder der fliegenden Vögel fällt ein Licht auf die Tiermutter, das sie innerlich erstrahlen lässt.

Überraschen mag die Beziehung der Tiermutter zum Wesen des Menschen. Sie ist ihm besonders zugewandt, ein warmer, leuchtender, belebender Strom fließt von ihr zum Herzen des Menschen, eigentlich bis zu seinem Herzensgrund, was darauf hinweist, dass sich ihr Strom nicht nur mit dem Herzen des einzelnen Menschen verbindet, sondern mehr noch mit dem kosmischen Herzen, das das geistige Urbild des menschlichen Herzens ist. Es zeigt sich, dass jede Tierwesenheit die Eigenheit dieses Stromes bereichert, ja vervollkommnet; die geistigen Tierwesenheiten dienen so dem kosmischen Herzen des Menschen. Jedes Tier führt seine Gaben dem Strom zu, wodurch eine besondere geistige Substanz entsteht, die dem Menschenwesen von der Tiermutter dargebracht wird und die das kosmische Herz des Menschen nährt. Die Tiermutter sagt:

> Mensch, sei du im Verbund mit allen Wesen, die die Erde bewohnen und beleben in dem Sinn, dass du weißt, dass du deine Bildung, dein Dasein erst durch diesen Verbund erhältst, ohne ihn wärest du gar nicht. Bestehen kannst du nur, weil du von den Tieren, meinen Kinder, das erhältst, was du selbst auf dem Weg der Entwicklung verlieren musstest, der dir vorgezeichnet ist. Die Erde tut nun alles, das auszugleichen, was ausgeglichen werden muss, damit du der sein kannst, der du werden sollst: ein autonomes, gottähnliches Wesen im Erdensein. Doch nur deshalb kannst du es, weil du die natürliche Verbundenheit abgelegt hast, deine Unschuld, und nun den Weg der Selbstwerdung gehst. Auf diesem Weg sind die Tiere dir an die Seite gestellt wie Brüder und Schwestern, denn sie unterstützen dich, weil du ohne sie deinen Körper und deine Seele nicht zusammenhalten könntest. Du verfielest dem Wahnsinn, wenn die unschuldigen Tierwesen dich nicht in jedem Augenblick deines Daseins geistig durchdringen und tragen würden.

Spüre der Arbeit der Tiere nach, die sie an dir und durch dich leisten, und eine neue Sicht auf das Leben der Erde wird sich dir ergeben. Meine Kinder sind Hüterwesen deines Erdenlebens, sie stehen dir unmittelbar und unausgesetzt zur Seite. Im Herzen des Menschen fließt alles zusammen, sein eigenes Wesen und die Wesen der sinnlichen und der geistigen Welt. Sein Herz wird geistig durch die hohen Kräfte aller Tierwesen erhalten. Die geistigen Kräftewirkungen eines jeden Tieres sind im Herzen zu finden. Lauscht der Mensch in sein Herz hinein, stößt er auf die geistige Wirksamkeit der Tierwesen, auf all das, was sie für ihn tun.

## Wale und Bienen

Die Wale und die Bienen sind in einem hohen Maße Träger der von der allerheiligsten Geistsubstanz durchleuchteten und durchströmten Erdenseele. Sie sind durchdrungen von einer zukünftigen, die Menschheit in ihrer Entwicklung unterstützenden und führenden Kraft. Es gibt viele Elementarwesen, die den Menschen gerne über das Wesen der Tiere aufklären, denn eine große Zahl unter ihnen steht mit ihnen in enger und tiefer Verbindung. Sie sind selbst in das vielfältige und unendlich reiche Formenspiel, das in der Tierwelt ausgebreitet ist, verzaubert, das heißt, in es hineingebannt. Man kann das zum Beispiel an den geschwungenen Hörnern der Schafe erspüren, dem Gefieder der Vögel oder den Scheren der Krebse, eigentlich an allen Formen, die an Tieren zutage treten. Die lebendige Formensprache der Tiere ist das Medium, durch das die Tierwelt und die Wesen der elementaren Welt verbunden sind. Auch die Substanzen, die von den Tieren ausgeschieden oder abgegeben werden, die Kuhmilch, die Ameisensäure, das Bienengift, haben ein starkes elementares Leben. Das geistige Zusammenspiel zwischen den Tieren und den Wesen der elementaren Welt weist aber hin auf einen anderen Strom, einen, der die Tiere mit der menschlichen Seele verbindet, denn es lässt sich beobachten, dass von der Tierwelt etwas ausgeht, das man als einen Bilderstrom bezeichnen kann, der im Schlaf die menschlichen Seelen durchdringt. Dieser Bilderstrom lässt sich auch als ein Weisheitsstrom, ein Wahrheitsstrom bezeichnen. An den Bienen und Walen soll das exemplarisch erläutert werden.

Es ist gar nicht so lange her, dass mich ein hohes Elementarwesen über die Bedeutung der Wintertraube aufklärte, in die sich das Bienenvolk zurückzieht, um so die kalte Jahreszeit zu überstehen. Es war noch Herbst, ich saß vor einem Bienenstock und beobachtete die wenigen Bienen, die noch aus- und einflogen, als das Elementarwesen ganz dicht zu mir kam, sodass seine Stirn, in der sich ein leuchtender Wirbel befand, beinah die meine berührte, und sprach:

> Ihr werdet die Bedeutung der Bienen nie erfassen können, wenn ihr nicht denken könnt, dass sie mit der Wesenheit des Christus in einem tiefen Zusammenwirken stehen. Er lebt durch sie, schaut durch sie, wirkt durch sie in einer stillen, aber unablässigen Art; sie stellen sich ihm selbstlos zur Verfügung, und so bringen sie in der Seele der Menschen heilige, heiligste Bilder der Verwandlung, der Versöhnung und der Erlösung zustande, die sie auf ihrem Erdenweg unentwegt begleiten. Auch wenn die Seele sich dessen nicht bewusst ist, bewahrt sie durch diese Bilder die Erinnerung an ihren göttlichen Ursprung. Eines der Bilder, die sich durch die Bienen der Seele mitteilen, ist das der Wintertraube. Sie besteht aus einer großen Zahl lebendiger Bienen, die sich beständig in einer ruhig fließenden Bewegung befinden. Es ist das Bild der erlösten, durchlichteten, verwandelten Erde, die ebenfalls aus vielen leuchtenden Wesenheiten besteht, die das heilige Geheimnis der Erde hüten, wie die Bienen ihr eigenes Leben, ihr Dasein hüten. Das neue Leben des Volkes beginnt, wenn der Winter sich seinem Ende zuneigt. Es aufersteht aus der Ruhe, aus dem Geheimniszustand seines winterlichen Daseins, und die Königin legt wieder Eier: Keime der Erneuerung, aus denen die neue Brut hervorgehen wird. Und so bewahrt auch die Erde in ihrem Innern den Keim ihres heiligen Lebens. Von dort steigt die neue Erde wie aus einem dunklen Schoß auf. So wird das Neue geboren, an dem die wartenden, hoffenden, wunden Seelen teilhaben können, wenn sie nur wollen.

Vielleicht macht diese Schilderung deutlich, was man sich unter dem bildhaften Weisheitsstrom vorstellen kann. Regelrechte Wahrbilder sind es, die, aus der Tierwelt stammend, die Seele des Menschen umhüllen und durchdringen, wenn sie in den Schlaf fällt.

Wale sind ebenfalls sehr hohe Wesen. Indem man sich wach in das Wesen der Wale hineinträumt, wird die Seele von Wesen berührt, die sie in ungeahnte Höhen führen. Man kann erkennen, dass jeder Wal von einem sehr großen Engelwesen durchdrungen ist, das sich, indem es in dem Tier lebt, auf eine ganz bestimmte Weise mit dem Schicksal der Erde verbindet. Auffallend ist der enge Bezug dieses Wesens zur Welt der Menschen; den Menschen gegenüber hat es eine bedeutende Aufgabe: Es öffnet der Seele den Bereich des bewussten, klaren, mit Licht durchdrungenen inneren Lebens. Es scheint, als trügen die Wale dazu bei, dass die Seele des Menschen die Qualität des wachen Bewusstseins ausbilden kann und dadurch das innere Seelenlicht entfacht wird. Die Wale sind deshalb für die Menschheit Führer zu dem inneren Licht der Seele, dank dessen die Menschen erst mit der Kraft der Wahrhaftigkeit auf sich selbst und die Welt schauen können. Wale kann man immer wieder als Führerwesen erleben, die die Seele des suchenden Menschen mit den Kräften des Kosmos verbinden. Sie verbinden die Seele des Menschen mit den hohen Wesen, die den Kosmos bewohnen und von dort auf die Erde wirken. Es sind tatsächlich hohe kosmische Wesenheiten, die sich am Himmel in den leuchtenden und blinkenden Sternen zeigen, mit denen die Walwesenheit die menschliche Seele verbindet. Die Walwesenheit trägt die hohe Sternenweisheit den Menschenseelen zu, damit sie dort erfühlt und erkannt werden kann. Die Wale sind Führer zu der Erkenntnis der Sterne.

Die Darstellung mag gezeigt haben, warum man die Wale und die Bienen als Tiere betrachten kann, die in einem besonders starken Maße durch ihr Dasein und durch ihr Leben die Erdenseele vertreten. Gerade hier kann man erfahren, dass die Wesen, denen man in der Natur begegnet, immer auch Lehrmeister sind. Es gibt kein Wesen, kein Tier, keine Pflanze, kein Mineral, keinen Edelstein, das dem lauschenden Menschen nicht Weisheitsvolles zu vermitteln hätte. Es ist eine gute Übung, sich einmal zu einer Pflanze, zum Beispiel zu einem Gänseblümchen, hinabzubeugen und sich in die Formen und Farben und die ganze Erscheinung so einzuleben, dass man schließlich bemerkt, wie die Pflanze sich mitteilt. Das wird sie vielleicht in einer Art machen, die man nicht erwartet, vielleicht nur ganz leise und zart, still und zurückhaltend. Aber es ist wichtig, dass man gerade auf diese Mitteilungen aufmerksam wird, die nicht so groß daherkommen. Die Seelenempfindungen, durch die die geistigen Wahrheiten der Dinge sprechen, drängen sich nicht auf, sondern wollen aufgesucht und entdeckt werden. Es ist die schon erwähnte Stille, in der sie auftreten. Die Dinge und Wesen reden von ihren Geheimnissen nur, wenn die Stille da ist, die sie brauchen, um ihre Stimme heben zu können. Das erwarten sie von dem Menschen, dem sie sich mitteilen.

Worin der schon erwähnte Zusammenhang zwischen den Wesen der elementaren Welt und den Tieren, hier den Bienen, besteht, soll an dem folgenden Bespiel gezeigt werden. Mit einer befreundeten Imkerin hatte ich in ihrem Garten hoch über dem Zürichsee Platz genommen, und wir fachsimpelten natürlich über ihre Bienen. Wir saßen vor ihren Bienenstöcken, als ich ein Elementarwesen entdeckte, das staunend das Treiben der Bienen betrachtete. Es war ein ungewöhnlich warmer Tag im Herbst, die Bienen tanzten vor den Fluglöchern auf und ab und sie wärmten sich im weichen Licht der Sonne. Als das Wesen merkte, dass ich es beobachtete, schaute es uns zuerst ungläubig, dann aber vertrauensvoll an, als wäre der Kontakt zu uns Menschen gar nichts Besonderes, und sagte, es beobachte die Bienen dabei, wie sie im Licht tanzten, aufflögen und von ihren Ausflügen wieder zurückkehrten. Die Bienen hätten für die Elementarwesen unter anderem deshalb eine so große Bedeutung, weil sie durch sie hindurch in hohe Geheimnisse der Erde hineinschauen könnten. Sie brächten, berichtete das Wesen, durch ihre Flüge im letzten warmen Licht des Jahres noch einmal Sommersubstanz in den Stock, die das Volk für die nun bevorstehende Zeit dringend brauche. Das Elementarwesen, das hoher Natur war, ein Hüterwesen, betrachtete die Bewegungen der Bienen genau und sagte, dass es in den Spuren, die die fliegenden Bienen in der Luft zurückließen, lesen könne, denn es tropfe etwas zu ihm herab, das sich zu bestimmten Bildern forme. Diese gäben ihm Auskunft über den Zustand der Erde. Es könne in ihnen lesen, wie es der Erde ginge. Ich war durch das, was ich gehört hatte, neugierig geworden, und fragte, ob ich ebenfalls in den Lichtspuren der fliegenden Bienen lesen könne. Das Wesen verneinte energisch, sagte aber, so wie es selbst in den Bienen könne ich in meinem eigenen Blut lesen. Das Gespräch war damit noch nicht zu Ende, diese Auskunft war es aber, die den stärksten Eindruck auf mich machte, und ich nahm mir vor, den gegebenen Ratschlag gründlich zu prüfen.

## Die Bienen und die innere Erde

An den Bienen lässt sich zeigen, in welcher Art sich die Kräfte, die im Innern der Erde wirksam sind, unter den Wesen der sichtbaren Welt offenbaren. In meinem Buch über *Die Gaben der Bienen* wird beschrieben, dass das Seelenwesen der Bienenkönigin im Winter nicht in ihrem Volk ruht, sondern sich aufmacht, dem geistigen Licht der inneren Erdensonne zu begegnen und dieses in sich aufzunehmen. Die Bienenkönigin verlässt das Volk nicht physisch, denn ihr Leib wird von den Bienen in der Wintertraube behütet, sie fällt aber in eine Art Schlaf, der dazu führt, dass ihre Seele in die Erde sinkt und die geistigen Stufen des Erdenorganismus durchdringt, bis sie schließlich die Erdensonne erreicht. Die Impulse, die sie dadurch erhält, gibt sie später an ihr Volk weiter. Es lässt sich wahrnehmen, dass die Bienenkönigin im inneren Licht der Erde bestimmte geistige Bewegungsmuster, Formen und Klänge in sich aufnimmt. Diese gibt sie, wenn sie wieder aufgestiegen ist, an das Bienenvolk ab. Jede Biene macht sich diese Bewegungen zu eigen, indem sie ihrerseits geistig nachahmt, was der Königin ununterbrochen als ein Nachklingen ihrer Erfahrungen durch das innere Licht der Erde entströmt.

Die Bewegungsformen, die Klänge, die die Bienenkönigin in sich aufnimmt, haben immer mit dem Ausgleich verschiedener Strömungen zu tun. Es sind ausgleichende, harmonisierende Gesten und Bewegungen, die die Königin ihrem Volk vermittelt. Und das Bienenvolk sorgt für den Ausgleich von zum Teil äußerst widerstreitenden Kräften, die es in seinem Umfeld vorfindet. Es handelt sich dabei um den Ausgleich von gegensätzlichen Lichtqualitäten, von Wärmeverhältnissen, von drängenden und saugenden Einflüssen, von verdunkelnden und erhellenden Qualitäten, von vernichtenden und aufbauenden Kräften. Die Bienen erhalten die Kraft des Ausgleichs und der

Verwandlung dadurch, dass sie das, was sie an ihrer Königin erleben, in sich aufnehmen und nachahmen. Indem sie das tun, denken sie im Sinne der Weisheit des Volkes.

Es ist zu betonen, dass die Königin diese Weisheit nicht hervorbringt, sondern nur vermittelt. Im Reich der inneren Erde begegnet das Seelenwesen der Bienenkönigin den Geheimnissen der Erdensophia, der Trägerin der kosmischen Erdenweisheit. Die Bienenkönigin kommt ihr in einer Art nahe, dass man sagen kann, sie wird von der Erdensophia genährt. Sie nimmt damit jene geistige Substanz auf und gibt sie an das Volk weiter, die es den Bienen ermöglicht, als ein Volk weisheitsvoll zusammenzuleben, um zum Beispiel aus dem Nektar, den sie aus den Blüten sammeln, Honig herzustellen.

Die Seelenwesen der verschiedenen Bienenköniginnen ruhen im Winter in dem geistigen Kleid der Erdensophia. Es ist tatsächlich vor allem die Zeit zwischen den Jahren, in denen die Königinnen, die sich aus ihren Völkern gelöst haben, sich mit der Erdensophia verbinden. Diese sehr starke Geste der Verinnerlichung, der geistigen Konzentration gehört zum Zyklus eines Bienenvolkes ganz wesentlich dazu. Ohne sie hätte das Volk die Kraft der Veräußerlichung nicht, die ihm in der aufsteigenden Jahreshälfte erlaubt, die Substanzen zu sammeln, heimzutragen und zu verwandeln, die schließlich im Wachs und im Honig zutage treten.

## Pferd, Schwan und Bär

Eine wichtige Aufgabe für das Menschenwesen haben die *Pferde.* Sie bewahren eine sehr hohe Intelligenz auf für den Zeitpunkt, da der Mensch durch seine Entwicklung soweit sein wird, diese selbst zu verwirklichen. Und sie bereiten den Menschen dadurch vor, dass sie ihn das Reiten lehren, denn dadurch verankern sie Fähigkeiten in ihm, die ihm erlauben, die Autonomie und Selbstbeherrschung auszubilden, die er braucht, um für ihre hohe Intelligenz empfänglich zu werden. Tatsächlich richtet sich der reitende Mensch gerade dadurch auf, dass er auf der liegenden Wirbelsäule des Pferdes sitzt; dabei findet eine tiefe Berührung zwischen dem hohen Pferdewesen und dem einzelnen Menschen statt. Der Mensch wird dadurch bis tief in sein Wesen, eigentlich bis in jede Zelle hinein aufgerichtet. Wenn man genau den Einfluss der Pferde auf den Menschen studiert, wird man darauf aufmerksam, dass sich ihr Wesen mit der Entwicklung des Menschen auf eine erstaunlich tiefe Weise verbunden hat; der Mensch hat das Pferd seinem Wesen nach eigentlich schon in sich, denn jeder Mensch hat in seinen zurückliegenden Leben schon viele Stunden auf den Rücken der Pferde verbracht.

Wenn man in die Lage kommt, das hohe Wesen der *Schwäne* zu erleben, wird man überrascht sein, welcher Klarheit und Größe man sich gegenübersieht. Das Schwanenwesen vermittelt eine Kraft, die an den inneren Kern der Seele rührt und hinweist auf den verborgenen Menschen, der mit dem weiten, kosmischen Dasein verbunden ist. Der Schwan weckt Kräfte, die den einzelnen Menschen über sich hinausführen, er hält ihm vor, wer er eigentlich ist und welche Fäden von seiner Seele weit hinaus in den Kosmos reichen. Es ist der hohe, der kosmische Mensch, an den der Schwan die Seele erinnert. Er schließt die menschliche Individualität an ihr höheres Selbst an. Der

Schwan spendet Trost – vor allem den Menschen, die an der Schwelle zum Tod stehen. Er reicht ihnen einen Trunk, der sie befähigt, sich aus der Bindung an die physische Welt, an ihren physischen Leib zu lösen, sodass sie ihn überwinden können. Die Seele wird ja nicht dem Verfall anheimgegeben, wie es mit dem physischen Körper geschieht, sondern sie erhält die Kraft, sich zu erheben, eine neue Aufrichte einzunehmen und so in der geistigen Welt unter den Geistern und Wesen, die dort leben, weiterzuexistieren. Die Seele kann durch die Kraft der Schwäne den Schritt von der einen Welt in die andere tun, sie wird deshalb von ihnen auf diesem letzten Stück des Lebensweges eng begleitet. Besonders deutlich zu bemerken ist dieser Vorgang, wenn man ziehende Schwäne beobachtet. Man kann dann sehen, wie diese Züge der Erde Kräfte zukommen lassen, die in dem beschriebenen Sinne für die Menschenseele wirksam werden.

Ein anderes für den Menschen sehr wichtiges Tier ist der *Bär.* Die hohe Bärenseele hat gegenüber dem Menschen eine wesentliche Aufgabe. Diese zielt auf den Zusammenhang seines geistigen Wesens mit dem lebendigen Körper. Die Kraft des Bären ist jeder Zelle eingeschrieben als der Zusammenhalt von Individualität und Körper. Durch diese Kraft kann sich das Individuum überhaupt erst seines Körpers bedienen. Die Wachheit für seinen Körper, das Körperbewusstsein ist die Gabe des Bärenwesens an den Menschen. Dieses Bewusstsein ist ja eine geheimnisvolle und wundertätige Kraft. Es ist das Tor, durch das sich der Mensch erst mit der Erde, mit den Erdenverhältnissen verbinden kann. Denn der eigene Körper ist so etwas wie ein Schiff, eine Arche, die dem menschlichen Individuum erlaubt, auf Erden anwesend zu sein. Das Tor dazu ist durch den Bären errichtet. Er spendet eine Kraft, durch die sich in jedem Menschen eine einzigartige Biografie formt. Durch das Bärentor tritt der Mensch jeden Tag, bei jedem Aufwachen neu. Der Bär steht als ein geistiges Wesen am Anfang des individuellen Seins des Menschen, er bewacht es und ist deshalb mit dem Persönlichen des Menschen eng verbunden.

Die hohe Bärenseele hat noch eine weitere Aufgabe, die sich auf die Erde als einen lebendigen Organismus bezieht. Sie hütet die Kraft, die in Form der Keimkräfte der Samen im Frühling zu neuem Leben erwacht. Im Winter wird diese Kraft von der Bärenseele geboren und liegt geschützt in deren heiligem Sternenumhang. Wenn die Keime zu sprießen beginnen, erwacht auch der Bär aus seinem Winterschlaf. Die Keime entwickeln sich zu Pflanzen, die schließlich Nektar hervorbringen, den die Bienen aufnehmen und in kostbaren Honig verwandeln. Deshalb gehört strenggenommen ein Teil des Honigs dem Bären, der ihn tatsächlich sehr gerne hat, denn dadurch, dass die Bärenseele die Pflanzenkeime im Winter hütet, schafft sie die Voraussetzung dafür, dass die Pflanzen die Grundsubstanz des Honigs hervorbringen.

# VIII Eine uralte schweigende Form von Bewusstsein

## Begegnungen mit der Landschaft

«Die Gestalt einer Landschaft ist eine uralte schweigende Form von Bewusstsein» – dieser wunderbare Satz findet sich in dem Buch *Anam Ċara* des irischen Autors John O'Donohue. Die Pflege und Heilung der Erde ist ein Akt, der sich nur aus dem Bewusstsein und der Kraft der Herzensliebe ereignen kann. Der erste Schritt der Pflege eines Ortes besteht darin, diesem so zu begegnen, dass er Schale um Schale ablegt und dem Betrachter immer mehr von seinem inneren Wesen offenbart. Dadurch erscheint vor dem inneren Auge das, was John O'Donohue das uralte schweigende Bewusstsein nennt. Das ist ein durchaus intimer Prozess, den ich bereits in den *Botschaften der Elementarwesen* zu beschreiben versucht habe.

Es gibt ein liebevolles Betrachten, das so lange nicht ruht, bis es zum Wesen einer Sache durchgedrungen ist. Es ist zwar beharrlich, aber nicht aufdringlich; es sucht die Erfüllung, indem es wartet, bis sich diese ergibt, bis die Landschaft selbst oder ein Ort bereit ist, dem Betrachtenden sein Wesen zu offenbaren. Dafür ist es wesentlich, das Fühlen und Empfinden, das sich an die Wahrnehmung anschließt, nicht zurückzuhalten, sondern es gerade zur vollen Entfaltung zu bringen, also fühlend bei den Eindrücken und Beobachtungen zu verweilen und sich nicht von diesem lebendigen, dem Sinnlichen entspringenden Strom abzuschneiden, nur weil man sich etwas vorgenommen hat, also einer bestimmten Idee folgt oder eine bestimmte Meinung und Disposition hat. Der sinnlichen Erfahrung kommt eine ganz wesentliche Bedeutung zu, und man muss nicht meinen, dass man damit einmal fertig wäre, denn sie ist eigentlich unerschöpflich. Zu den sogenannten höheren Kategorien der Landschaft fortschreiten kann man nur, wenn man das Sinnliche durchdrungen hat. Für diese höheren Dimensionen der Wirklichkeit kann die Seele erst erwachen, wenn man dem Sinnlichen den Wert zuspricht, den es hat. Das gilt vor allem dann, wenn es um das Pflegen und Heilen der Landschaft geht, denn die Hüter der pflegenden und heilenden Kräfte sind nun einmal die Wesen der elementaren Welt. Ohne sich vor ihnen ‹auszuzeichnen›, indem man ihre Werke würdigt, wird man zu den heilenden Kräften keinen Zugang finden. Die hohen hütenden Wesen einer Landschaft betrachten den Menschen, der den Wunsch hat, ihnen bei ihrer großen Aufgabe beizustehen, ganz genau. Sie sehen, wer kommt und mit welchen Mächten er im Bund ist, und sie prüfen ihn auch, ob er wirklich zu ihnen steht. Das heißt, sie prüfen seine Leidensfähigkeit.

Wenn man einer Landschaft wirklich zu begegnen wünscht, wird man immer und immer wieder die Erfahrung machen, dass man, scheinbar wie von selbst, an die Orte geführt wird, die ich die Schmerzensorte nenne, dorthin also, wo sich das Leid, das unter den Wesen der elementaren Welt herrscht, den Augen unübersehbar offenbart. Das können Müllhalden sein, Ruinen, Richtstätten, dunkle und finstere Plätze, Orte der Machtausübung, des Missbrauchs, der Umweltverschmutzung und so weiter. Mit der Zeit ist man nicht mehr erstaunt, zu solchen Orte geführt zu werden, denn sie sind allem Anschein nach für die Wesen der elementaren Welt von großer Bedeutung. An Schmerzensorten der Landschaft wird das, was ich das liebevolle Beobachten genannt habe, sehr herausgefordert. Häufig wird man geradezu aufgefordert, nun mit dem Wahrnehmen bloß nicht nachzulassen, sondern die verschiedenen anwesenden Qualitäten aufmerksam in sich aufzunehmen (ohne sich dadurch in Gefahr zu bringen). Es ist so, dass die Wesen der Landschaft von dem, der einen Heilungsimpuls bringen möchte, erwarten, dass er das Schattendasein ihres Lebens nicht ignoriert, sondern es genau betrachtet, denn erst dann kann er ermessen, worum es in einer Landschaft eigentlich geht. Die

Urthemen einer Landschaft lassen sich an den Schmerzensorten rasch finden. Die liebevolle Betrachtung darf nicht aufhören, wo sie nicht mehr angenehm ist, sondern sie soll sich gerade auch dem Schmerz widmen, der von den Wesen der elementaren Welt nur zu deutlich empfunden wird.

Das aufmerksame Betrachten, Wahrnehmen und Wertschätzen einer Landschaft und ihrer verschiedenen Aspekte und Qualitäten ist von herausragender Bedeutung, weil man als Mensch dadurch von den Elementarwesen das Recht erhält, ihr Reich zu betreten, also zu ihnen und ihren Geheimnissen eingelassen wird. Es lässt sich aus dem Gesagten ermessen, dass die Begegnung mit einer Landschaft, wie sie hier verstanden wird, in einer stillen und meditativen Art verläuft; sie ereignet sich in der Seele des Menschen.

Man kann hier durchaus den Vergleich ziehen zu der inneren Gestimmtheit zweier Menschen, die sich körperlich lieben. Das geliebte Wesen streicheln, bedeutet eine Landschaft erkunden, die in ihrer Art an jedem Punkt einzigartig ist. Betrachten in dem hier gemeinten Sinne ist nichts anderes als eine geistige Tasterfahrung. Die Sinne können eine Landschaft in derselben Art erfahren wie die Hand den Körper des geliebten Menschen. Es kann in beiden Fällen zu sehr intensiven Erlebnissen kommen: Ohne Zärtlichkeit wird kein Sinneserlebnis zu einer Wesensbegegnung führen, und ohne sie wird keine Berührung des Körpers eines geliebten Menschen einen tiefen, bleibenden Eindruck hinterlassen.

Wahrnehmung kann eine hohe Intensität entwickeln und deshalb tief berühren. Man kann durchaus die Lust auskosten, die es macht, sich an einen großen Baum zu schmiegen, ein Bad in einem See zu nehmen oder in einer hohen Wiese zu liegen; man muss sich dadurch nicht vom Strom der Erkenntnis ausgeschlossen wähnen, denn vielleicht sind es gerade diese Erlebnisse, die eine Brücke bilden zu den Wesen, die die Hüter der

Landschaft sind. Vielleicht warten sie nur darauf, dass der Mensch Erlebnisse dieser Art macht und sich dadurch ihrer Wesensart, ihrer Weisheit und ihrer höheren Kraft öffnet.

## Eine Landschaft ertasten

Man sollte nicht den Fehler machen, die Erfahrungsmöglichkeiten zu unterschätzen, die in dem Tastvermögen des Menschen liegen. Der Tastsinn ist ein sehr treuer Sinn, das heißt, er verrät in vielen Fällen untrüglich die Geheimnisse des Wesens, dessen Haut oder Gestalt man ertastet. Man kann das gut prüfen, wenn man einmal unvoreingenommen mit der Hand den Körper eines Tieres oder eines anderen Menschen abtastet. Mit ein wenig Übung und Vertrauen in die eigene Wahrnehmungsfähigkeit, wird man feststellen, wie viel man so spüren kann.

Es lässt sich nun aber die Erfahrung machen, dass auch die Bäume, die Steine, der Humus, die Tiere, die Pflanzen, ja das Wasser, die Luft, die Landschaft als Ganzes und erst recht die Gebäude und Werke der Menschen sich ertasten lassen, denn sie haben in sich wie in einem Gedächtnis all das gesammelt, was in der entsprechenden Landschaft bisher geschehen ist. Dem einfühlsamen Betrachter geben sie einen Teil ihrer Geheimnisse preis. Für das Thema, das hier behandelt wird, ist diese Tatsache von großer Bedeutung, denn nur durch meine ureigenen Erfahrungen kann ich wirklich erfassen, worin das Geheimnis eines Ortes besteht und was er zu seiner Pflege von mir wünscht. Die eigene Erfahrung ist das Maß, das mir zeigt, was mir persönlich möglich und auch erlaubt ist, um zur Pflege einer Landschaft beizutragen. Erst die Einfühlung, durch die der Betrachter zu einem objektiven Bild der Lebensverhältnisse kommt, versetzt ihn in die Lage, eine Vorstellung, eine Idee oder Vision von dem zu erhalten, was in seinen Möglichkeiten liegt, die ja immer ganz individuell sind.

Es ist deshalb kein Umweg, wenn man einmal eine Landschaft ‹ertastet›. Indem man das tut, wird man einen ganz anderen Zugang zu den Dingen und Wesen erhalten, die diese Landschaft erfüllen. Man löst sich von den eigenen Vorstellungen, die vielleicht gar nicht mehr weiterhelfen. Sich tastend den einzelnen Wesen, einer Blume, einem Baum, einem Stein, einem Wasserlauf, einer Stimmung (man kann auch ins Licht hinein tasten) zu nähern, bedeutet, sie in den Fokus der eigenen liebenden Aufmerksamkeit zu rücken und sich ganz den Erlebnissen aufzuschließen, die sie einem vermitteln oder sogar vermitteln möchten. Es ist eigentlich ein lauschendes Tasten, ein tastendes Lauschen, das hier gemeint ist. Dabei kann man nicht genug innere Wachheit dem gegenüber entwickeln, was sich als Nachklang der Tasterfahrung im Innern der Seele ereignet. Sicherlich bedarf es einer gewissen Ausdauer für diese Entdeckungsarbeit, man wird aber merken, dass es sich lohnt, denn dadurch wird eine feste Grundlage geschaffen für alle weiteren Erfahrungen, die man mit dem Wesen einer Landschaft oder eines Ortes machen kann.

## Individuelle Taten

Man betritt, wenn man sich die Frage stellt, wie man eine Landschaft und die sie behütenden Wesen der elementaren und der höheren Welt unterstützen kann, ein Gebiet, in dem es auf die individuellen Fähigkeiten des Menschen ankommt, der sich dieser Aufgabe stellt. Es ist das Feld der Tat, das bekanntlich sehr persönlich ist, denn es hängt von den Möglichkeiten ab, die ein Mensch hat, von seinen Talenten und Neigungen und von seinen Fähigkeiten zur intuitiven Wahrnehmung. Es ist eine sehr wichtige und auf keinen Fall zu vernachlässigende Einsicht, dass die konkreten Taten eines Menschen immer in einem hohen Grad individuell sein müssen und sich also deutlich voneinander unterscheiden können, ohne dass eine richtiger wäre als eine andere. Für die Frage, die wir hier behandeln, trifft das ganz besonders zu. Es ist deshalb nicht angebracht, eine Maßnahme, die man bei einem anderen Menschen gesehen hat, einfach zu übernehmen. Es mag bequem sein und entlastend, aber man benutzt dann doch nur eine Krücke, denn man tut etwas, das man letztendlich nicht versteht; man folgt einer fremden Eingebung, vielleicht in gutem Glauben, aber ohne mit der wichtigsten geistigen Substanz, die man hat, ganz dahinter stehen zu können, nämlich mit seinem Ich.

Zum Beispiel ist die Wärme, die die menschliche Hand ausstrahlt, eine Qualität, die für die Wesen der elementaren Welt von großer Bedeutung ist. Es ist ein Irrtum zu glauben, sie wären als geistige Wesenheiten unempfänglich für das, was vom Menschen physisch ausgeht. Sie haben im Allgemeinen einen Sinn für den Geruch eines Menschen, für den Klang seiner Stimme, den Fluss seiner Bewegungen, die Intensität seiner Sinneswahrnehmungen und auch für das, was man als seine Gedankenaura bezeichnen kann. Wenn man das einmal bedenkt, kann man einen ersten wichtigen Eindruck von dem gewinnen, worin die Heilarbeit des Menschen für die Erde und die geistigen Wesen, die die Erde hervorbringen und erhalten, eigentlich besteht. Von den Wesen der elementaren Welt habe ich immer wieder gehört:

> Das wirksamste Präparat für die Erde ist der Mensch. Er selbst, jeder Mensch für sich, stellt für die Wesen der Erde eine Möglichkeit der Orientierung dar. Es ist an ihm zu entscheiden, was er der Erde zumutet, was er ihr durch sein Verhalten anlastet oder an heilenden und erlösenden Kräften spendet. Die Erlösung der Erde liegt in seinen Händen, er kann entscheiden, wohin es gehen soll, worin die Zukunft der Erde und das Zusammenleben aller Wesen bestehen wird.

Vor dem Hintergrund dieser Sätze sind die konkreten Maßnahmen zu verstehen, die man ergreifen kann, um den Wesen der elementaren Welt heilende Impulse zukommen zu lassen, und von denen nun einige geschildert werden sollen. Es ist immer der konkrete, der einzelne Mensch, der etwas tut, mit seinem Wesen, seiner Geschichte.

Häufig interessieren sich Elementarwesen deshalb auch dafür, warum und wie man an den jeweiligen Ort, also an ihren Ort, gekommen ist. Sie wünschen, das zu erfahren, denn sie haben vielleicht nur ein vages Erlebnis von den Wegen, die der Mensch gegangen ist, um an ihren Ort zu gelangen.

Es kommt vorrangig nicht darauf an, *was*, sondern viel eher *wie* man es tut. Deshalb hat das Wie, haben die Vorbereitung, das Hingehen zu einem Ort, das Ankommen und das Wahrnehmen so hohen Stellenwert. Die Stimmung, die ich erzeuge, setzt mich überhaupt erst in die Lage, verwandelnde Impulse weiterzugeben.

Man kann davon ausgehen, dass auch hier die Regel gilt:

Weniger ist mehr. Es sind oftmals die kleinen Gesten, die eine große Wirkung haben, und es sind die großen, die nur allzu rasch wieder verpuffen. So geht bereits vom Gehen selbst eine Wirkung aus, die man nicht unterschätzen sollte. Von den Elementarwesen habe ich oft gehört, sie wünschten sich, dass die Menschen wieder ein Gehen lernen und praktizieren, durch das sie gestärkt werden. Sie schwärmen manchmal von früheren Zeiten, wo es immer genügend Menschen gab, die diese Kunst beherrschten; es waren oft Menschen, die ein Leben führten am Rand der sozialen Ordnung, aber genug Liebeskräfte besaßen, um die Erde zu nähren. Ich bin so einem Wunder von Menschen einmal auf dem Gotthardpass im Kanton Tessin in der Schweiz begegnet. Er schob sein Fahrrad die steile Straße herauf, auf unseren Gruß reagierte er nicht, er schien taub zu sein, denn er nahm uns wohl wahr, setzte seinen Weg aber beharrlich fort. Als er schon vorüber war, sah ich über ihm einen Engel stehen, wie ich ihn bei keinem Menschen bisher gesehen hatte, er war sehr erhaben und stand mit den Wesen der Gegend in einem regen Kontakt. Eine unglaubliche Heiterkeit, Frische und Bewegung entstand unter den Wesen der Landschaft; die Gegenwart des Mannes löste ein Glückserlebnis aus, das ich nicht für möglich gehalten hätte. Mir kamen, als ich dessen gewahr wurde, die Tränen, so überwältigend war der Eindruck. Was veranlasste diesen Menschen zu einer solchen Heilarbeit an der Erde, fragte ich mich, woher hatte er diese Treue zur Erde, die deutlich wahrzunehmen war?

Es ist leicht, sich vorzustellen, dass stetige kleine Arbeiten viel mehr Wirkung zeitigen als wenige große. So eine kleine Arbeit kann darin bestehen, dass ich an der Mündung eines Baches einige Steine, die mir quasi in die Hände ‹fallen›, auflese, sie anschaue, begrüße und darum bitte, sie mitnehmen zu dürfen. Stellt sich das Gefühl ein, dass es von einigen Steinen gewünscht wird, mitgenommen zu werden, kann man sie in die Tasche stecken und beginnen, den Bach aufwärts zu gehen. Dabei nimmt man, was sich den Sinnen zeigt, in sich auf. An einer Stelle macht man halt und legt die eingesammelten Steine aus, um zu schauen, ob einer dort bleiben will und ob andere mitgenommen werden wollen. So verfährt man nun die gesamte Strecke, die man den Bach entlanggeht. Ob ein Stein dableiben oder mitgenommen werden will, kann man am besten prüfen, wenn man ihn in der Hand wiegt, denn es zeigt sich dadurch, ob er aus der Hand rollen oder in ihr bleiben möchte. Dasselbe kann man nun auch mit Rindenstücken, Holz und anderen Materialien machen. Auch Wasser kann man so von der Mündung in Richtung der Quelle bringen, wobei zu beachten ist, dass es wenig Sinn hat, den umgekehrten Weg zu wählen, denn Wasser fließt von selbst bergabwärts. Durch das Herauftragen des Wassers oder der Steine gegen den Strömungsverlauf führt man bewusst etwas aus, das durch die Natur nicht erfolgen kann, das ihren Zyklen sogar entgegenläuft. Dadurch nun öffnet sich ein besonderer geistiger Raum, der den Elementarwesen dient, die die freie Beweglichkeit verloren haben und nicht mehr ganz sie selbst sein können. Der Grund für diese Unbeweglichkeit liegt in dem Verhalten des Menschen, durch das sie bestimmte hindernde Kräfte aufgeladen bekommen haben. Die geschilderten Prozeduren helfen ihnen, sich zu befreien und zu ihren ursprünglichen Kraftquellen zurückzukehren. Wesentlich ist dabei allerdings, dass die Motive, die der Handlung zugrunde liegen, lauter sind, ansonsten öffnet sich der besagte Raum nicht.

Eine konkrete, pflegende Arbeit besteht zum Beispiel darin, einen Stein aufzunehmen, ihn mit einem Öl, zum Beispiel mit Rosenöl oder einer Mischung verschiedener Öle, einzureiben und ihn dann wieder zurückzulegen. Das kann man, während man durch eine Landschaft spaziert, wieder und immer wieder tun, dazu einen Spruch oder Dank sagen.

Das Wort des Menschen ist in keinem Fall zu unterschätzen. Segnende und dankende Worte haben eine große Wirkung. Die Naturwesen sind durch sie in der Lage, sich an die eigenen Urformen, an die Urbilder ihres Daseins zu erinnern. Herzensworte können da Wunder wirken, sie sind ein lebendiger, wärmender Strom, von dem das Leben der Erde nicht unwesentlich abhängt. Der Sinn, der in solchen Worten liegt, nährt die Wesen der elementaren Welt, verleiht ihnen einen Grund, ein Erlebnis der Sicherheit, der Orientierung, was gerade heute, wo ihr Leben von so vielen Seiten bedrängt und bedroht ist, pflegende, wenn nicht heilende Wirkung hat.

Naturmaterialien, die man an verschiedenen Orten einsammelt, können dazu dienen, Elementarwesen an anderen Orten in ihrer Arbeit wesentlich zu unterstützen. Ich kann hier nur Andeutungen machen und überlasse es der Intuition des Lesers, wie er selbst tätig werden möchte. Sehr beliebt unter den Elementarwesen sind Pflanzenmaterialien, vorrangig getrocknete, duftende Blütenblätter, zerstoßene Samen, getrocknete Beeren, Tannennadeln, Harze, Flechten, aber auch Holzstücke jeder Art, Rindenstücke und, mit Vorliebe, gebleichtes Schwemmholz aus Bergbächen oder dem Meer. Man kann solche Hölzer wieder in einem anderen See oder Fluss aussetzen. In derselben Weise können Sand oder Steine benutzt werden, Muscheln, Schneckenhäuser, Schafwolle, Federn, aber auch Substanzen wie Salz, Honig, Wachs oder zerriebene Eierschalen.

Es ist wichtig, ein lebendiges Gefühl dafür zu bekommen, wie man die einzelnen Substanzen bearbeiten muss, damit sie unter den Wesen der elementaren Welt ihre heilende Wirkung ausüben können. In den meisten Fällen ist es unerlässlich, dass die Substanzen bestimmten Prozeduren unterworfen werden, dass sie also vom Menschen vorbereitet werden. So ist der Vorgang der Trocknung von Blütenblättern eine Hilfe für die Elementarwesen, die Botschaft oder Information aufzunehmen, die von dem Pflanzenwesen stammend in die Substanz der Blätter eingeschrieben ist. Aus demselben Grund ist es sinnvoll, Samen, Salz und Eierschalen mit dem Mörser zu zerstoßen, Sand zu rühren, Hölzer zu verbrennen und zu veraschen, Honig und Wachs zu erwärmen und Steine in Wasser einzulegen, um daraus ein durch die Steinwesen ‹geimpftes› Wasserpräparat zu erhalten.

Neben der einfühlenden Suche nach dem ‹Sinn› einer Landschaft, dem tastenden Lauschen, der liebevollen Aufmerksamkeit, der Verwandlung von Substanzen und Naturmaterialien und deren Verteilung gehört zu den großen Gaben der Menschen an die Elementarwesen die Wärme in der Form eines Feuers, das für sie entfacht wird. Feuer ist sicherlich eins der wirkungsvollsten Mittel, um einer Landschaft heilende Impulse zu geben. Man muss sich nur einmal vorstellen, was es für die Wesen der elementaren Welt bedeutet, wenn der Mensch für sie ein Feuerritual durchführt – es muss gar kein großes Feuer sein, denn bereits kleine, nur von einigen Zweigen genährte Feuer haben eine nicht zu unterschätzende Wirkung. Besonders Elementarwesen, die belastet sind, können sich durch so ein Feuer ihrer Lasten entledigen. Vor allem die rote, wabernde Glut ist es, die ihnen Entlastung verheißt, denn sie können die schweren, fesselnden Energien, unter denen sie leiden, leicht dem glühenden Holz übergeben und kommen sozusagen gereinigt aus einer solchen Prozedur hervor.

Es sollen hier nur Anregungen gegeben werden, wie man dadurch, dass man in der Natur substanzielle Verwandlungsprozesse in Bewegung setzt, zur Pflege und Heilung einer Landschaft beitragen kann. Man stellt den Elementarwesen durch solche Rituale Kräfte zur Verfügung, die sie immer nötiger brauchen, um sich von den Belastungen zu befreien, denen sie in der heutigen Zeit von vielen Seiten und in zunehmendem Maß unterworfen sind. Es bedarf allerdings einer gewissen Erfahrung, um diese Rituale durchzuführen. Achtsamkeit, Gelassenheit, aber auch Geistesgegenwart sind wichtige Voraussetzungen, dazu eine genaue Beobachtungsgabe und ein Einfühlungsvermögen in die Naturprozesse. So hat jede Stunde ihre besonderen Verwandlungsqualitäten; die Zeit des Übergangs vom Tag zur Nacht eignet sich beispielsweise besonders gut für ein Feuer. Eine andere Frage ist die der Menge: Wie viele Steine etwa, wie viel Sand darf man wegnehmen. Es gibt Orte, zum Beispiel in den Bergen, wo man eigentlich nichts verändern sollte; wenn man von dort nur einen kleinen Stein mitnehmen kann, ist das schon viel. Andere Orte wiederum stellen ihre Substanzen überreichlich zur Verfügung. Eine weitere Frage ist, wie viele und welche Gaben ein Ort verträgt und wünscht. Es ist immer am besten, wenn man klein beginnt und darauf achtet, was sich an dem Ort verändert, wenn man einen segnenden Spruch liest, einen Stein hinlegt, Blüten verstreut oder andere Geschenke verteilt. Es ist überdies wichtig, dass durch ein Ritual die Wesen aller Elemente angesprochen werden.

Wesen der elementaren Welt sind durstig nach unseren Gaben, sie lieben es, mit Naturmaterialien, die wir an anderen Orten eingesammelt haben, beschenkt zu werden. Das hat damit zu tun, dass sie durch die Auswirkungen der modernen Technik, aber auch durch das geänderte Bewusstsein der Menschen immer weniger in der Lage sind, sich mit dem eigenen Lebensumkreis zu verbinden. Es gibt leider viel zu viele Fälle, in denen Elementarwesen isoliert sind, ihnen die Fähigkeit abhandengekommen ist, mit der weiteren geistigen Umgebung in einem ausreichenden Kontakt zu stehen. Ihre Lebensfelder sind durch Straßen, elektrische Leitungen, unüberlegte Eingriffe in die Landschaft und durch die Fremdheit, die ihnen vom Menschen zunehmend entgegenkommt, in einer Art eingeengt, die sie verelenden lässt. Indem man sie mit Naturmaterialien nährt, die von ganz anderen Orten der Erde stammen, gibt man ihnen Impulse, die sie in die Lage versetzen, die Enge und Isolation zu überwinden. Sie erhalten Lebensimpulse, die sie nutzen können, um mit ihrem Lebensumfeld, mit der sie umgebenden Landschaft wieder in Austausch treten.

# IX Erdengeheimnisse

## Die Lebenssphäre des Christus

Die folgenden Inhalte ergeben sich für den Forschenden nur durch eine sehr geduldige und gründliche Arbeit. Sie sollen hier Aufnahme finden, denn sie berühren einen Zusammenhang, der für den, der sich der Erdenseele nähern möchte, wichtig ist. Wenn man sich heute mit wachem Bewusstsein in die geistige Welt begibt, begegnet man einer großen Zahl von geistigen Wesenheiten, zu denen auch die Wesenheit des Christus gehört. Sein Wesen ist nach dem Tod auf Golgatha für den Erdenorganismus nicht verlorengegangen, sondern hat sich mit der Erde vereinigt. Die Stufen, die sein Wesen nach dem Tod am Kreuz durchgemacht hat und die man als Auferstehung, Himmelfahrt und Pfingstereignis kennt, zeigen, welche Verbindung Christus mit der Erde eingegangen ist. Als Erstes betrat er aber am Karsamstag das Reich der Verstorbenen. Das ist der Bereich der geistigen Welt, in dem die verstorbenen Seelen nach ihrem Tod auf der Erde verweilen, bis sie hinter sich gelassen haben, was sie noch so an das zurückliegende irdische Leben bindet, dass sie ihren Weg in höhere geistige Welten nicht gehen können. Die Ankunft des Christus in der Welt der Verstorbenen hat eine große Bedeutung, weil dadurch Verhältnisse geschaffen wurden, die bis dahin nicht vorhanden gewesen waren. Indem die Christuswesenheit sich mit dem Weg der Verstorbenen verbindet, wird jedem Menschen etwas zur Verfügung gestellt, wodurch er den Weg nach seinem Tod ohne die Angst zurücklegen kann, dem Tod gänzlich zu verfallen. Bevor Christus die Erde betrat, lag ein Bann, ein Schatten über dem Geschehen des Todes, durch den sich die geistige Welt verdunkelt hatte, was bedeutete, dass den verstorbenen Seelen das Lebenslicht des Kosmos, auf das sie nach dem Tod zugehen, immer mehr verdämmerte. Sie schauten dem Tod ins Angesicht ohne eine Hoffnung, dass sich die Dunkelheit in Licht wandle. Kälte befiel die Seelen, Angst durchbebte sie, weil das Licht, das aus der geistigen Welt strahlt, verdunkelt war. Mit seinem Gang durch die Erde legte Christus Keime, die aufgingen und ein neues Licht erstrahlen ließen, sodass der Bann des Todes aufgehoben wurde und eine neue Zuversicht in die bangenden Seelen einziehen konnte.

Christus hat auf seinem Weg durch die Welt der Verstorbenen die einzelnen Planetenwesen durchdrungen, die die höheren Hüter des Entwicklungsweges der Seele sind, und er hat Verwandlungsimpulse gesetzt, die im Sinne der Freiheit stehen, die der Mensch nunmehr zu entwickeln hat. Er hat nicht nur den Bann des Todes gebrochen, seinen magischen Ring gelöst, sondern auch Keime für die Freiheit des Menschen in die inneren Schichten der Erde gelegt. Sein Gang durch die verborgenen geistigen Schichten der Erde hat dazu geführt, dass die Seelen der Menschen das heilige Licht der Verwandlung, das am Verglühen war und den geistigen Blicken der Menschen entschwand, wieder entfachen können. Seitdem kann die Seele durch die Tatsache ihres Sterbens Zuversicht gewinnen, sie kann das innerliche Leuchten wahrnehmen, das durch den Tod ihr Leben ergreift.

Aber es geschah noch mehr, denn der nachtodliche Weg ist seitdem zu einem Urbild für die Entwicklung der Seele geworden, der nun von jedem Menschen gegangen werden kann. Ihn zu beschreiten und dadurch in den Besitz geistiger Fähigkeiten zu gelangen, ist nicht mehr daran geknüpft, dass man von einer höheren Autorität dazu ausersehen wurde. Jeder Mensch wird durch das Leben, das er führt, eingeweiht.

Weiter lässt sich schauen, dass Christus im Innern der Erde die Waage hält, damit die negativen Kräfte der Verführung und der Vernichtung nicht die Oberhand gewinnen. Nur durch diesen Ausgleich wird für den einzelnen Menschen der Weg offengehalten, durch den er seine individuelle Freiheit erlangen kann. Dieses Opfer erbringt die Wesenheit des Christus ununterbrochen.

## Keimkraft der Erde

Wir stehen heute in einer Zeit, in der – das ergibt die übersinnliche Forschung – die Opfertat des Christus so weit gediehen ist, dass ihre Wirkung in jedem noch so kleinen Quantum Substanz nachgewiesen werden kann. Alles sogenannte Tote, das, was man Materie nennt, ist von der heilenden Wirkung seines kosmisch-irdischen Wesens erfüllt. Es ist dies wohl eine der tiefsten und beruhigendsten geistigen Erfahrungen, die heute möglich sind. Christus ist ganz Erde geworden, er hat sich nicht nur mit der Welt der Verstorbenen verbunden, sondern mit der gesamten irdischen Schöpfung, mit dem Leben. Selbst der Leichnam eines Menschen trägt in jeder Zelle die verwandelnde Kraft des Christus. Sie leuchtet in dem Leib, den der Mensch auf Erden zurücklässt, Christus nimmt sich dieses Abgelegten an, um es in sein Reich, zu dem die Erde seit dem Ereignis seines Todes auf Golgatha geworden ist, aufzunehmen. Das heilige Innere der Materie ist von ihm durchdrungen.

Die Präsenz der Christuswesenheit in der Erde lässt sich ebenso im menschlichen Blut wahrnehmen, und zwar als eine ganz bestimmte geistige Qualität, die aus dem Blut gleich einem Strom aufsteigt und die Seele des Menschen erfüllt. Durch diesen Strom kann sie offenbleiben für sein hohes Ich, seine umfassende, im Kosmos wurzelnde Individualität. Diesen Dienst an der Menschheit konnte die Christuswesenheit aber nur ausführen, indem sie die irdische Substanz, also die ganze Erde bis in ihre heiligsten Tiefen, erfüllt hat. Von dort aufsteigend, quasi durch die Schichten der Erde und die Wesen der Natur hindurch, wirkt seine Wesenheit nun am Wesen des Menschen. Deshalb ist es auch möglich, die Wesenheit des Christus in den Tieren, den Pflanzen und Landschaften zu erfahren. In jedem Tier, in jeder Pflanze zeigt sich immer auch ein Aspekt des Christus.

Wenn man sich vertrauensvoll dem hingibt, was man lauschend von den Wesen der Erde erfahren oder erfühlen kann, wird man spüren können, dass die Erde eine Wesenheit ist, die dem Menschen bis in die kleinste Verästelung seines Lebensweges treu ist; die Wesen der elementaren Welt, die die geistige Substanz des wirkenden Christus in sich bewahren, sprechen davon ohne Unterlass. Indem man es unternimmt, sich mit dem eigenen Bewusstsein wirklich *in* die Erdensubstanz hineinzubegeben, sich also mit dem Dasein der Erde ohne Rückhalt zu verbinden wünscht, wird man die Erfahrung dieser geheimnisvollen und gleichzeitig unendlichen Verbundenheit machen. Die Erde steht zum Menschen, aber nicht bloß, weil er zur Gattung der Menschen gehört, sie steht zu ihm als die Individualität, die er ist. Sich vertrauensvoll an den warmen Körper einer Kuh lehnen, das Ufer eines breiten, lebendig dahinziehenden Flusses aufsuchen oder einen bis in die Region des ewigen Schnees aufstrebenden Berg besuchen und dort zur Ruhe kommen – wer dies lauschend, alle Erwartungen hinter sich lassend, tut, bei dem wird eine Stimmung die Seele ergreifen, die von der Treue der Erde kündet. Es ist die Stille der Seele, durch die die Sprache der Erde hörbar wird und durch die sich ihre unbedingte Treue zum Menschen ausdrückt. Man kann diese Treue als ein persönliches Geschenk annehmen, sowenig man es auch gewohnt sein mag, Persönliches aus der geistigen Welt entgegenzunehmen. Die Elementarwesen, die in der Lebenssphäre des Christus stehen, vermitteln diese Treue, denn sie sind mit den hohen und unveränderlichen Rhythmen der Erde tief verbunden. Und diese Rhythmen sind immer Äußerungen jener kosmischen Wesenheit, die die Erde ist und von der sie für die Wesenheiten der elementaren Welt vollständig durchdrungen ist.

Die Erde ist Trägerin einer stark wirkenden Keimkraft. Wenn man sich in einer Meditation der Erde so anvertraut, dass man sich mit möglichst wachem Bewusstsein in sie fallen lässt, dann kann man geistig zu Orten in der Erde geführt werden, an denen diese Keimkraft zu finden ist und sorgsam gehütet wird. Die Erde ist für die übersinnliche Wahrnehmung ein geistiger Palast mit vielen Zimmern und Räumen, die von allerlei unterschiedlichen Wesenheiten bewohnt werden; darunter sind alle Arten, hohe und niedere, geläuterte und ungeläuterte Wesen, die mit dem sinnlichen Reich, mit der Lebenswelt des Menschen, in vielfältigen und überraschenden Beziehungen stehen. Der Ort, an dem die Keimkraft der Samen gehütet wird, liegt sehr nahe der Erdmitte. Von dort werden sie genährt. Es ist ein besonders heiliger Aspekt der Erdensophia, die mit dieser Samenkraft verbunden ist. Denn sie hütet diese Kraft wie ihr Heiligstes. Es ist wahrzunehmen, dass diese Kraft aufwärts bis in die sinnliche Welt hineinströmt und sich dort in jeden lebendigen Körper, auch den menschlichen, hineinschmiegt. Jede Zelle des menschlichen Körpers wird von dieser aufsteigenden Samenkraft berührt und durchdrungen; er könnte kein Leben haben, wenn diese Verbindung mit der geistigen, sich erneuernden Erde nicht bestünde. Es ist nun zu beobachten, dass diese Samenkraft im Menschen eine Verwandlung erfährt, indem sie bis zu dem Ort des Scheitelchakras aufsteigt. Dort begegnet sie dem individuellen Lebensimpuls des Menschen. Die Leben erzeugende Kraft der inneren Erde verbindet sich mit dem, was jeder Mensch als seinen, ihn tief prägenden, individuellen Schicksalsimpuls in sich trägt. Die Samenkraft der geistigen Erde vereinigt sich mit der geistigen Potenz der menschlichen Individualität. Insofern ersteht die Erde im Menschen auf, als es ihm gelingt, aus seinen individuellen Impulsen heraus zu handeln. Der Kopf ist, so gesehen, ein Träger individueller schöpferischer Keimkräfte, die sich aber mit der Erde, mit dem, was an Lebendigem aufsteigt, verbinden möchten, denn nur durch die Kommunion der Impulse der menschlichen Individualität mit dem

Heiligsten der Erde, ihren Keimkräften, kann der schöpferische Prozess der Verwandlung in Gang kommen, der durch den Menschen vorgesehen ist. Es ist tatsächlich die Vereinigung zwischen dem Heiligsten des Menschen und dem Heiligsten der Erde, die eine Verwandlung der Lebensbedingungen auf der Erde ermöglicht. Dazu ist es aber notwendig, dass man die Erde als das begreifen, verstehen und wertschätzen lernt, was sie ihrem geistigen Gehalt nach ist. Die Elementarwesen werden nicht müde, von diesem Gehalt zu sprechen, sie sagen:

> Die Erde ist die Mutter eures Jetzt, eures jetzigen Zustandes, der Lebensmöglichkeiten, die sich jeden Augenblick ergeben, die mit jedem Augenblick aufgeschlossen werden. Sie ist da, damit ihr in eure persönliche Aufrichte kommen könnt, damit ihr genau zu dem Erleben kommt, das euch in diesem Augenblick angemessen ist, damit ihr das lernen könnt, damit ihr das ausbilden könnt, was in dem höheren Selbst beschlossen liegt. Sie ist deshalb eure höhere Mutter, die Pflegerin eurer tiefen und wesentlichen Lebensimpulse. Euren Schicksalsweg könnt ihr nur auf ihr, nur mit ihr, eigentlich nur in ihr selbst gehen. Euer Schicksal besteht in einem Hindurchgehen durch das Wesen der Muttererde. Ihr könnt nicht anders, als in jedem Augenblick in der vollständigen Anwesenheit eures eigenen, persönlichen Schicksals zu stehen; dieses wird aber durch die Mutter Erde vertreten, ihr Ansinnen besteht darin, es euch in jedem Augenblick eures Lebens vorzuhalten, es euch hinzuhalten, damit ihr es schaut, erlebt, durchlebt und auch durchleidet. Es ist die Aufgabe der Großen Mutter, das fortzusetzen, was ihr durch eure leibliche Mutter erfahren habt, was durch diese anhob, weiterzuführen und euer Eigenstes auch für euch selbst zum Erscheinen zu bringen. Ihr könnt euch selbst erkennen in dem, was euch in eurem

Leben geschieht; doch ist das eine Arbeit, an der immer *alle* Elementarwesen der Erde beteiligt sind, es ist sozusagen ihre höchste, heiligste Aufgabe, die sie zusammen mit den Engeln des Schicksals ausführen.

Auf der Erde laufen alle Schicksalswege der Menschen zusammen. Die Erde ist ein Ort, an dem sich alle menschlichen Schicksalsimpulse und Schicksalswege zu einem einzigen Gewebe vereinen. Die Wege der einzelnen Menschen gehen dabei aber nicht verloren, sondern finden auf geistige Weise einen Niederschlag, indem sie dem Erdengedächtnis eingearbeitet werden. Die Wesen der elementaren Welt sind Hüter dieses großen Erdengedächtnisses. Ihm sind die Bilder aller Erlebnisse, Begegnungen, Taten, Gedanken und Vorhaben der Menschen eingeschrieben. Dieses Gedächtnis ist aber gleichzeitig die Quelle aller Schicksalswirksamkeit, denn wenn ein Mensch auf die Erde kommt, findet er sein Schicksal ja vor, das heißt, er schließt sofort an das Leben an, das er zuletzt auf der Erde geführt hat. Er steht mitnichten im Nichts, das Schicksal übernimmt vielmehr die Führung vom ersten Moment seines Lebens an, er nimmt seinen Lebensfaden wieder auf, den er nach seinem letzten Tod auf der Erde zurückgelassen hat; er ‹erinnert› sich an sein letztes Leben.

Die Arbeit des Menschen durch seine verschiedenen Leben hindurch zielt darauf, sein eigenes geistiges Wesen weiterzuentwickeln. Die vielen Biografien, die jeder Mensch auf der Erde lebt, gelten letztendlich der Aufgabe, die Ganzheit, die er ist, seine Fülle und Vollkommenheit mehr und mehr anzunehmen und mit den Lebensbedingungen der Erde in Einklang zu bringen. Die Diskrepanz zwischen dem, was man geistig ist, und dem, was man davon auf der Erde verwirklicht, treibt den Menschen an, immer wieder in neue Lebensverhältnisse einzutauchen. Er verknüpft den eigenen Lebensfaden, der seinen Ursprung in dem göttlichen Wesen hat, das er ist, mit jedem Leben, das er auf der Erde führt, immer tiefer mit dem Dasein der Erde. Die Erde ist es letztendlich, die der menschlichen Individualität die Möglichkeit bietet, über das hinauszuwachsen, was sie schon ist als eine von der göttlichen Welt geschaffene Wesenheit. Und jeder Mensch fügt dadurch, dass er auf der Erde lebt, dem Kosmos etwas hinzu, das einmalig und vollständig neu ist, und dieses wiederum sind die Früchte, die die Erde der geistigen Welt als ein erneuertes Leben darbietet.

Auf der Erde findet die Seele, wenn sie aus der geistigen Welt herabsteigt, die Möglichkeit, das Leben, das durch den letzten Tod unterbrochen wurde, wiederaufzunehmen. Sie sucht ja, wenn sie niedersteigt, sich selbst, also den Faden, den sie zurückgelassen hat, als sie starb und aufstieg in die geistige Welt. Diesen möchte sie weiterspinnen, denn sie hat die geistige Welt durchwandert, weil der Tod die letzte Möglichkeit war, das Leben fortzusetzen. Der Tod ist einerseits ein Ende, denn eine Entwicklung kommt dadurch zu ihrem Abschluss, die keine Früchte mehr hervorgebracht hätte, andererseits ist er ein vollständig neuer Anfang. Der Tod, das Lösen des Lebensfadens ist ein heiliger Akt, der voller Hoffnung und Erwartung und der Freude eines Neuanfangs ist. Das Lösen des Fadens, der Tod, ist nicht eine Sache des Menschen, sondern eine Sache der geistigen Welt, denn sie vollzieht ihn als den Beginn einer Wanderschaft durch die kosmische Welt. Diese hat aber für die Seele das Ziel, der Erde wiederzubegegnen und dort das weiterzuführen, was unterbrochen wurde, was aber noch nicht fertig und vollendet ist. Das Aufnehmen des Schicksalsfadens ist für die Seele ein feierliches Ereignis, sie hat dabei, angesichts der Erde, der sie sich immer mehr verbindet, ein tiefes Erleben von Heimat, von Selbstwirklichkeit und eigener Fülle.

Das Geheimnis der Erde erleben die Wesen der elementaren Welt besonders in der Zeit der Weihnacht. Dann schauen sie das, was als ein Erneuerungs-, als ein Verwandlungsstrom aus der Erde in ihr Reich aufsteigt. Sie erleben ein Leuchten, das von der geistigen Mitte der Erde stammend alle Reiche der elementaren Welt durchdringt. Diesem Licht ist eine hohe verwandelnde Kraft eigen, die die Elementarwesen nährt und versöhnt. Es stammt ursprünglich von dem Verwandlungsgeschehen, das durch die Christuswesenheit in der Erde hervorgerufen worden ist. Die Entwicklung und Verwandlung der Erde ergreift die Elementarwesen selbst, sie werden zu unmittelbaren Zuschauern der hohen und höchsten Geheimnisse der Erde. Das goldene Licht der inneren Erde steigt zu ihnen auf und wird von ihnen bestaunt; sie schauen in einer gewissen Weise sich selbst, denn ihnen werden dadurch die Kräfte offenbar, in deren Auftrag sie eigentlich stehen. Man muss sich nun vorstellen, dass die Wesen aller Elemente an dieser Schau teilhaben. Tatsächlich steigt das Licht der inneren Erde in der Zeit der Weihnacht durch alle Elemente hindurch, die Wesen der Wärme, des Lichts, der Luft, des Wassers und der Erde werden davon berührt und durchdrungen.

Was sie eigentlich sehen, ist das heilige, heilende Kind der Erde; es durchwandert segnend und Frieden stiftend die Erde und alle Elemente. Die verschiedenen Elementarwesen benehmen sich gegenüber dem Kind höchst anhänglich, sie können gar nicht genug bekommen von dem Anblick, der sich ihnen bietet. Besonders loben sie aber die Mutter, die Madonna der Erde, in deren Schutz das Kind seine Wanderungen vollführt, sie danken ihr und ehren sie als die heilige Mutter Erde. Das ist für die Wesen der elementaren Welt das Erlebnis der Weihe-Nacht. In dieser Zeit kann man deshalb Elementarwesen antreffen, die sich einem heimlich und Vertrauen erheischend nähern, denn sie haben den Wunsch, ein Geheimnis zu zeigen. Sie können ihre Freude kaum zurückhalten, und dann sieht man den Grund: Sie tragen ein kleines Kind im Arm, das Weltenkind, wie sie sagen.

In diesem Licht zeigt sich aber noch etwas anderes, es zeugt nämlich von den Taten, die von Menschen in der Vergangenheit aus der Hingabe und der bewussten Verantwortung für die Entwicklung aller Wesenheiten vollbracht worden sind. Dieses Licht strahlt eine große Hoffnung aus und lässt die Elementarwesen erleben, dass sie nicht alleine sind in ihrem Bestreben, die Erde zu tragen und zu verwandeln, sondern dass sie sich dieser Aufgabe zusammen mit vielen, vielen Menschen widmen können, die wie sie im heiligen Sinn der Erde leben wollen.